BIENVENIDO A VALENCIA

AF193857

VALENCIA

Fiesta de las Fallas.
Anna Baranova/Getty Images Plus

Llegar a Valencia

En avión

Aeropuerto internacional de Valencia Manises - 8 km al oeste del centro de la ciudad ✆ 961 598 500 - www.aena.es. ⏱ *Líneas aéreas pág. 92.*

Desde el aeropuerto

Taxi - Los taxis al centro de la ciudad cuestan unos 25 €.

Autobús, línea 150 - Más o menos cada 25 min, de 05:30/06:30 h a 22:00 h excepto domingos y festivos - 4,80 €, billete adquirido a bordo. Para ir al centro, bájate en la Avenida del Oeste o en Àngel Guimerà *(trayecto de unos 45 min).*

Metro - Líneas 3 y 5, de 05:30 a 00:00 h - 4,80 € (+ 1 € para la tarjeta recargable; billete de 4 zonas; incluido en la Valencia Tourist Card). Para ir al centro de la ciudad, bájate en Xàtiva o Colón *(trayecto de 25 min).*

En tren

Estación AVE Joaquín Sorolla

Es la **estación** de los trenes AVE y de largo recorrido. San Vicente Mártir, 171, al sur del centro de la ciudad, a 1 km de la Estación del Norte.

Taxi - Los taxis al centro de la ciudad cuestan unos 8 €.

Autobús - Autobús lanzadera entre las 2 estaciones cada 20 min, gratuito con el billete de tren (sale de la estación de Sorolla, llega a la calle de Bailén).

Estación del Norte, estación de ferrocarril de estilo *art déco* en Valencia.
venemama/Getty Images Plus

Metro - Ⓜ Jesús, Av. de Giorgeta, acceso por la calle Roís de Corella. Para llegar al centro de la ciudad, línea 1 o 2 hasta Àngel Guimerà, después línea 3 o 5 hasta Xàtiva, o línea 7 hasta Colón (directa). ⏱ *Más detalles en pág. 92.*

Estación del Norte

La **Estación del Norte** está situada inmediatamente al sur del centro de la ciudad, junto a la plaza de toros: Xàtiva, 24 - Ⓜ Xàtiva, líneas 3 y 5 - ✆ 912 320 320.

Para llegar andando a la plaza del Ayuntamiento en 5 min, basta con cruzar la calle de Xàtiva. Trenes de Barcelona Sants, Alicante, Murcia y cercanías de Valencia.

Consignas - Lock and Be Free - Blanes, 7 - ✆ 963 155 206 - www.lockandbefree.com - de 09:00 a 21:00 h. Cerca del mercado central. Práctico para los vuelos nocturnos.

3

Metro

Diez líneas en servicio. Para llegar a las playas, hay dos opciones: tomar la línea 5 hasta Marítim, luego la línea 8 hasta Neptú y caminar hasta las playas (unos 20 min), o tomar la línea 6 hasta Dr. Lluch o Cabanyal.

Tarifas por zonas; billete sencillo 1,50 € (1 zona), 2,80 € (2 zonas) y 4,80 € (3 zonas, aeropuerto).

⏱ *«Transporte público», pág. 98, y plano de la red de transportes en el reverso del mapa extraíble.*

No puedes perderte
Los lugares más bonitos elegidos para ti

★★ Lonja de la Seda
Mapa extraíble D3 - pág. 23

★★★ Ciudad de las Artes y las Ciencias
Plano pág. 45 - pág. 42

★★ Palacio del Marqués de Dos Aguas
Mapa extraíble E4 - pág. 24

★★ Mercado de Colón
Mapa extraíble F5 - pág. 35

★ **El distrito marítimo**
Plano pág. 53 - pág. 48

★★ **Estación del Norte**
Mapa extraíble D6 - pág. 34

★★ **Museo de Bellas Artes San Pío V**
Mapa extraíble EF2 - pág. 39

★★ **Mercado Central**
Mapa extraíble D4 - pág. 24

★★ **Catedral**
Mapa extraíble E3 - pág. 14

Nuestros favoritos

💜 **Pedalea por los jardines del Turia.** El antiguo río, antaño devastador y ahora canalizado en un hermoso espacio verde, es amigo de ciclistas, corredores, niños y aficionados a la botánica. ♿ *pág. 38.*

💜 **Detente en la encantadora Plaza de la Virgen** en la encrucijada de la historia. Los jueves a mediodía, asiste al Tribunal de las Aguas frente a la catedral. ♿ *págs. 16 y 20.*

💜 **Celebra las Fallas** del 15 al 19 de marzo. Estas enormes figuras de cartón piedra toman todas las plazas de la ciudad. Petardos, *mascletàs* fuegos artificiales, un reguero de luces en las calles de Russafa, bailes y comidas en carpas jalonan cuatro días de alegría en la ciudad. La noche del 19 de marzo, punto álgido de las fiestas, las Fallas son quemadas en la famosa *cremà.* ♿ *pág. 115.*

💜 **Compra turrones, fruta escarchada y otros dulces;** si la Navidad está a la vuelta de la esquina, hay motivos de sobra para explorar la tienda de Turrones Galiana. ♿ *pág. 79.*

💜 **Retrocede en el tiempo en La Almoina**, un amplio recorrido subterráneo por la ciudad romana y visigoda, alejado del bullicio de la urbe actual. ♿ *pág. 17.*

💜 **Relájate en una terraza**, en las calurosas horas de verano, para saborear una horchata de chufa helada. ♿ *pág. 122.*

💜 **Baja del tren en la Estación del Norte** entre la Secesión y el Modernismo, Valencia está lista para recibir a sus visitantes. ♿ *pág. 34.*

💜 **Descubre la Albufera** a tiro de piedra de la ciudad, un paisaje salvaje donde tierra y agua se entremezclan. Visita las barracas con tejados de paja, y explora el parque a bordo de un *albuferenc* y disfruta de un *all i pebre* de anguilas en una taberna de El Palmar. ♿ *pág. 54.*

Nickos/Getty Images Plus

Playa de la Malvarrosa.

ROSSHELEN/Getty Images Plus

Plaza de la Virgen.

💙 **Entrégate al ritual del *esmorzaret* valenciano**, esta pausa gastronómica

💙 **Huele la brisa marina a las afueras de la ciudad.** Báñate en la playa de la Malvarrosa o en la playa del Cabanyal, disfruta de un arroz a banda en La Pepica, en el Paseo Neptuno, o una paella al horno de leña en Casa Carmela, en el Paseo Marítimo, y termina con un paseo por el modernista barrio de El Cabanyal. *Ver pág. 48 y pág. 70.*

rompe las largas mañanas a las 10 u 11 de la mañana. Con sus bocadillos XXL y sus arroces algunos establecimientos lo han convertido en una especialidad. ♿ *págs. 68 y 120.*

💙 **Pasea por el barrio de moda de Russafa** entre cafés-conciertos, teatros, restaurantes exóticos, bodegas, librerías-teatros, tiendas *vintage*, comercios alternativos y locales nocturnos. Aquí es donde la *movida* está en pleno apogeo, sobre todo de jueves a sábado por la noche. ♿ *pág. 36.*

Valencia en 3 días

Día 1

▶ Por la mañana

Empieza con un paseo por el **Mercado Central★★** (*pág. 24*) te encantará su colorido ambiente, así como su arquitectura, y hay un pequeño bar donde podrás disfrutar de un zumo de naranja recién exprimido. Justo enfrente, encontrarás la **Lonja de la Seda★★** (*pág. 23*) una obra maestra de la arquitectura gótica. A continuación, piérdete por las callejuelas del barrio, donde tiendas y bares esperan a sus clientes. Llegarás a la curiosa **plaza Redonda** (*pág. 24*) antes de llegar a la **plaza de la Reina** (*pág. 27*) frente a la **catedral★★** (*pág. 14*). Por el camino, no te faltará donde elegir a la hora de comer (*pág. 60*).

▶ Por la tarde

Después de descubrir **La Almoina★** (*pág. 17*), recorre el corazón histórico de la ciudad, por la calle de Caballeros, contemplando el hermoso **Palau de la Generalitat Valenciana★** (*pág. 21*), los espléndidos frescos de **San Nicolás★★** (*pág. 22*), las **Torres de Serranos★** (*pág. 28*), y luego las **Torres de Quart★** (*pág. 30*), restos de las fortificaciones de la ciudad. Termina con una visita al **MuVIM** (*pág. 33*).

▶ Por la noche

La velada de tapas comienza en torno a la **plaza del Carmen** (*pág. 28*) y las callejuelas y plazas de la Valencia antigua.

Día 2

▶ Por la mañana

Aprovecha el frescor de la mañana para explorar los **jardines★** trazados en el antiguo cauce del río **Turia** desde las Torres de Serranos (*pág. 38*). Detente en el **Museo de Bellas Artes San Pío V★★** (*pág. 39*) para admirar la colección de los primitivos valencianos. Detrás del museo se encuentran los magníficos **Jardines del Real★** (*pág. 39*).

▶ Por la tarde

Al reanudar el paseo, descubrirás el elegante y transparente **Palau de la Música** (*pág. 38*), mientras los niños pueden divertirse en el **Parque Gulliver** (*pág. 38*). Por último, te toparás con las extrañas siluetas, vagamente animalescas, de la **Ciudad de las Artes y las Ciencias ★★★** (*pág. 42*), un conjunto de seis edificios futuristas de Santiago Calatrava y Félix Candela con un claro gusto por las formas orgánicas y puras. También puedes visitar el **Museo de las Ciencias★** (*pág. 44*) o el **Caixa Forum★** (*pág. 46*), a menos que prefieras explorar el **Oceanogràfic★★** (*pág. 46*), sede del mayor acuario de Europa.

▶ Por la noche

Si hay programado un concierto en el **Palau de la Música** (*pág. 38*), no te lo pierdas: ¡la acústica es excepcional! Regresa al centro de la ciudad para cenar y termina la velada con un Agua de Valencia (*pág. 122*).

Marco_Piunti/Getty Images Plus

9

Bajo el techo de cristal *art déco* del Mercado Central.

Día 3

▶ **Por la mañana**

Visita el sorprendente **Palacio del Marqués de Dos Aguas**★★ *(pág. 24)* y sus soberbias colecciones de cerámica. Tras esta profusión barroca, sumérgete en la Valencia histórica de la **plaza del Ayuntamiento**★ *(pág. 32)* y la modernista **Estación del Norte**★★ *(pág. 34)*, la **Casa de los Dragones** *(pág. 35)* y el **Mercado de Colón**★★ *(pág. 35)*. A continuación, toma el metro y dirígete a la **Marina** *(pág. 48)*.

▶ **Por la tarde**

El **Paseo Neptuno**★ *(pág. 51)* es el lugar perfecto para disfrutar de una paella. Si el tiempo acompaña, puedes darte un baño en la **playa de Las Arenas** (del Cabanyal, *pág. 51*) o en la de **la Malvarrosa** *(pág. 52)* y visitar el **Museo del Arroz** *(pág. 50)* o la **Casa-Museo Blasco Ibáñez** *(pág. 52)*.

▶ **Por la noche**

Dedica tiempo al **Barrio de Russafa**★ *(pág. 36)*, el barrio más animado de Valencia. Aquí podrás cenar, beber e incluso bailar.

Con un día extra

Planifica un paseo en barco por los estanques y canales de la **Albufera**★, descubrir las barracas y una degustación de recetas tradicionales en un restaurante de El Palmar: una escapada a la naturaleza con cambio de aires *(pág. 54)*.

VISITAR VALENCIA

Plaza de la Reina, con la catedral.
Mazur Travel/Shutterstock

Valencia hoy

Capital de una Comunidad Autónoma formada por tres provincias (Alicante, Castellón y Valencia), tras haber sido capital del Reino de Valencia, la ciudad, con algo más de 800 000 habitantes, es hoy la **tercera de España** tras Madrid y Barcelona. La ciudad debe su atractivo a su clima, pero sobre todo a su **huerta**, una zona de campo especialmente fértil. Gracias a un complejo sistema de regadío, crecen aquí miles de naranjos y limoneros, así como fruta temprana, que se exporta a toda Europa. Además de la agricultura, la fuerza de Valencia reside en su comercio marítimo y su ambición por convertirse en el primer **puerto comercial** del Mediterráneo. Aprovechando su rico patrimonio, también ha desarrollado con éxito el **turismo** y se convirtió en uno de los destinos imprescindibles de España. Capital Mundial del Diseño y Capital Europea del Turismo Inteligente (con Burdeos) en 2022, Valencia se ha convertido en **Capital Verde Europea** en 2024.

En plena metamorfosis

El **centro histórico** está rodeado de calles que siguen la línea de las murallas medievales. Catedrales, iglesias y palacios renancentistas se agrupan en torno a los restos romanos de La Almoina, recuerdo de su importancia en siglos pasados. A finales del xix, los barrios residenciales y burgueses del **Ensanche** albergan imponentes avenidas de edificios eclécticos y modernistas. Inmediatamente al sur de la **Estación del Norte** el soterramiento de las vías del tren dará lugar a un nuevo barrio, Turianova, organizado en torno a una futurista estación de metro y un parque urbano, el **Parque Central**, un parque urbano de 24 ha (más de 13 ha ya son accesibles desde finales de 2022), diseñado por la arquitecta paisajista estadounidense **Kathryn Gustafson**, que se convertirá en el segundo gran pulmón verde de la ciudad en 2027.

Cerca de aquí, **Russafa**, antaño habitado por obreros, alberga ahora una escena bohemia y de diseño. Un sinfín de boutiques y restaurantes animan día y noche las calles de este barrio de moda.

Al este, el antiguo cauce del río Turia se ha convertido en un corredor verde de 9 km, los **jardines del Turia**, cambiando la faz de Valencia. La **Ciudad de las Artes y las Ciencias**, obra de los arquitectos Santiago Calatrava y Félix Candela, sigue siendo la joya de la corona de la renovación de la ciudad, considerada hoy un escaparate de la arquitectura contemporánea.

Esta transformación también se aprecia en el **distrito marítimo**. Hoy, las playas vuelven a ser atractivas y accesibles para todos: Las Arenas (o Playa del Cabanyal) y la Malvarrosa están unidas al centro de la ciudad por autobús, metro y carril bici, mientras que el desarrollo de los

Paseos Neptuno y Marítimo en primera línea de mar ha convertido esta zona en una de las más populares de la ciudad.

Al noroeste del centro, el **distrito financiero**, alberga el Palacio de Congresos, construido por Norman Foster, y el estadio de fútbol Nuevo Mestalla, actualmente en construcción. El vasto **complejo universitario** se extiende hacia el noreste. Es uno de los más grandes de España.

¡Abran paso a los jóvenes!

Al pasear por la ciudad, te cruzarás con multitud de jóvenes de toda Europa. La ciudad, que alberga varios campus, acoge a un gran número de estudiantes en el marco del programa Erasmus. Su presencia contribuye al dinamismo de la ciudad, tanto de día como de noche, en las tabernas del casco antiguo, los bares musicales de Russafa y las discotecas al aire libre del distrito marítimo o de la Ciudad de las Artes y las Ciencias. En el noreste de la ciudad, el distrito de **Benimaclet** también se anima gracias a su población estudiantil, conservando al mismo tiempo su alma popular y rural.

Conservar las tradiciones

La ciudad no ha abandonado sus tradiciones, algunas de ellas muy antiguas. El valenciano, la lengua histórica que se puede encontrar en los letreros bilingües de las calles, es una de las tradiciones de las que la ciudad se siente más orgullosa. De herencia medieval declarado Patrimonio de la humanidad, el **Tribunal de las Aguas** se reúne todos los jueves desde el

FotografiaBasica/Getty Images Plus

El distrito marítimo.

siglo x para dirimir las disputas sobre el riego en la «huerta» (👁 pág. 16).

No te puedes perder las fiestas dionisíacas de las **Fallas** (👁 pág. 115), en las que valencianos de todas las edades convergen en la plaza del Ayuntamiento para presenciar el impresionante espectáculo pirotécnico diario de la **mascletà**. A principios de mayo, en la plaza de la Virgen, tienen lugar las procesiones de la Fiesta de **Nuestra Señora de los Desamparados** la patrona de la ciudad.

Una agenda cultural y festiva bien apretada, una política medioambiental dinámica, un clima suave, el mar a las puertas de la ciudad y unas paellas divinas... ¿Qué más necesitas para apuntar Valencia en tu agenda del próximo fin de semana?

Alrededores de la catedral★★

Palacios y edificios civiles, góticos y renacentistas, restos de fortificaciones y un sinfín de iglesias –Víctor Hugo, fanático del exceso y la exageración, illegó a contar más de 300 campanarios!– nos recuerdan que estamos en la antigua capital de un reino independiente, muy querida por los reyes de Aragón que se alojaron aquí. Lejos de convertirse en un museo, el centro histórico, uno de los más importantes de España, sigue activo día y noche, donde se concentra el alma de Valencia, entre los recodos de sus sinuosas callejuelas.

▶**Acceso:** Ⓜ Xàtiva o Colón. El centro histórico se extiende entre la plaza de la Reina y el Mercado Central, con la calle de Caballeros como vía principal. Es fácil de visitar a pie.

Plano del barrio págs. 18-19. Mapa extraíble DE3-4.

▶**Consejo:** Después de recorrer el barrio durante el día para descubrir los monumentos, regresa por la noche para descubrir sus bares de tapas y restaurantes.

♿ *«Nuestras sugerencias» págs. 60, 72, 76, 82 y 86.*

Catedral ★★

E3 ☎ 963 918 127 - www. catedraldevalencia.es - ♿ - de lu. a sá. de 10:30 a 18:30 h (17:30 h sá. en invierno), do. de 14:00 a 18:30 h (17:30 h en invierno); horario variable los días de misa - última entrada 45 min antes del cierre - 9 € (-17 años 6 €), audioguía incluida.

Se levanta en el emplazamiento de la Mezquita Mayor. Las obras comenzaron en 1262, pero la mayor parte del edificio, cuyas líneas originales han quedado al descubierto, data de los siglos XIV y XV.

Fachada principal★ - *Plaza de la Reina.* Obra maestra del barroco, fue construida a partir de 1713 según el diseño de un arquitecto alemán, **Konrad Rudolf**, que imitó el estilo de Bernini. Concebida como un retablo monumental, la fachada alterna líneas cóncavas y convexas y presenta el tema iconográfico del Triunfo de la Virgen (escultura de Francisco Vergara).

Puerta de los Apóstoles★ - *Plaza de la Virgen.* Si rodeas el edificio, te encontrarás con la **Puerta de los Apóstoles**, decorada con esculturas góticas *(copias; las originales están en el Museo Catedralicio)*; el tímpano presenta una Virgen con el Niño rodeados de ángeles músicos. Aquí se reúne el Tribunal de las Aguas todos los jueves a mediodía (♿ *recuadro pág. 16).* El **ábside**, con una

VitalyEdush/Getty Images Plus

15

La catedral: la Puerta de los Apóstoles.

triple hilera de arcos, conocido como *Obra Nova*, servía de tribuna para las ceremonias oficiales y las procesiones. Esta galería fue construida hacia 1566 por el cantero Miguel Porcar, según un diseño de Gaspar Gregori, que se inspiró en las teorías arquitectónicas del arquitecto romano Sebastiano Serlio.

Una **galería** cerrada, que atraviesa la calle, comunica directamente la catedral con la basílica de Nuestra Señora de los Desamparados; bajo esta galería, observa el pequeño altar abierto a la calle, protegido tras una reja de hierro. Según la tradición, aquí se celebró la primera misa tras la Reconquista.

Por último, la **puerta de La Almoina**, en la calle Palau, es románica.

Interior - Aunque las bóvedas góticas no son muy altas, la nave está bañada por la luz de las ventanas de alabastro del **cimborrio**. Esta elegante torre es un buen ejemplo del estilo gótico flamígero. El retablo del altar mayor, pintado a principios del siglo XVI por dos artistas castellanos, Fernando Llanos y Yáñez de la Almedina, representa la vida de Cristo y de la Virgen. En la cornisa, seis estatuas de madera dorada talladas por Tomás Sánchez representan a los santos venerados en Valencia, entre ellos San Vicente Mártir. Arriba, la bóveda está cubierta con un cielo estrellado y ángeles músicos, obra renacentista de dos pintores italianos, Francesco Pagano y Paolo da San Leocadio, redescubierta en 2004 bajo una decoración barroca. Las pinturas fueron encargadas en 1472 por **Rodrigo de Borgia**.

Ábside - En la girola, detrás del altar mayor, un bello pórtico renacentista oculta una Resurrección (1510) en alabastro translúcido. Enfrente, la **Virgen del Coro** o «de la Cadira» (de Joan de Castellnou, siglo XV), que vela los partos, es una estatua tardogótica de alabastro policromado, siempre llena de flores depositadas por mujeres embarazadas. En la capilla de la derecha, el **Cristo de la Buena Muerte** presenta una crucifixión barroca tallada en el siglo XVII sobre un calvario pintado en el siglo XVI.

Capilla San Francisco de Borja - *Nave derecha, 2.ª capilla*. Esta capilla está decorada con dos cuadros de **Goya** (1788) que representan episodios de la vida de San Francisco. En el magnífico *San Francisco y el moribundo impenitente*, podemos ver las espantosas criaturas que poblarían la obra del pintor.

Capilla del Santo Cáliz★ - *En la sala capitular*. La Capilla del Santo Cáliz está rematada por una elegante bóveda estrellada de crucería. Detrás del altar, los doce bajorrelieves de alabastro del escultor florentino Poggibonsi (llamado Julián Fiorentino en Valencia) figuran entre las primeras obras del Renacimiento español. Adornan el retablo gótico creado a partir del antiguo portal del coro. En el centro hay una magnífica **copa de ágata**. Los fieles quieren ver el Santo Grial, del que se dice que se utilizó durante la Última Cena, en la que se recogieron unas gotas de la sangre de Cristo. En la pared se exponen las cadenas del puerto de Marsella, trofeo del rey Alfonso V de Aragón tras su conquista de la ciudad en 1423.

Museo Diocesano★ El museo de la Catedral alberga una excelente colección de objetos litúrgicos, retablos medievales (incluido el magnífico *Tránsito de la Virgen*) y pinturas renacentistas. También podrás ver las estatuas originales de la puerta de los Apóstoles, retiradas en la década de 1960 debido a su mal estado de conservación. También se exponen restos romanos, árabes y medievales descubiertos en excavaciones bajo la catedral.

El Miguelete★ - ✆ *963 918 127 - todos los días de 10:00 a 18:45 h - 2,50 € (-17 años 1,50 €)*. Esta torre gótica octogonal, construida contra la fachada de la catedral y símbolo de la ciudad, debe su nombre a la gran campana bautizada el día de San Miguel. Desde lo alto, se dominan los tejados de la ciudad y las innumerables cúpulas de las iglesias de tejas vidriadas.

Tribunal de las Aguas

Todos los jueves a mediodía desde el año 960, los jueces del Tribunal de las Aguas se reúnen frente a la Puerta de los Apóstoles para resolver los litigios sobre el uso del agua en la huerta. Sus sentencias orales (en valenciano) son inapelables y nadie se atrevería a impugnarlas. El Tribunal de las Aguas forma parte del Patrimonio cultural inmaterial de la humanidad desde 2009.

Museo Arqueológico de La Almoina ★

E3 *Pl. de Décimo Junio Bruto (Cosol Romà) - ✆ 962 084 173 - ♿ - de ma. a sá. de 10:00 a 19:00 h; do. y festivos de 10:00 a 14:00 h - 2 €.*
Las excavaciones realizadas bajo la plaza han desenterrado restos que datan de la época romana. La visita permite descubrir los cimientos de la antigua ciudad. El recorrido revela la Valencia romana (centro de la ciudad, termas, foro y granero) y visigoda (baptisterio, restos de la catedral y tumbas monumentales con huesos), así como los cimientos de la antigua iglesia construida en el lugar del martirio de San Vicente, patrón de la ciudad. ♿ *recuadro pág. 112.*

Casa del Punt de Gantxo

E3 *Pl. de La Almoina/Pl. del Arzobispo.*
La fachada de este edificio modernista, construido en 1906 por el arquitecto valenciano Manuel Peris Ferrando, destaca por el uso de elementos decorativos orgánicos y la técnica del esgrafiado. Sobre un fondo rojo o azul decorado con follaje, destacan las pilastras cuyos capiteles presentan motivos vegetales, ramas y flores.

Museo de la Ciudad

E3 *Pl. del Arzobispo, 3 - ✆ 963 941 417 - ♿ - de ma. a sá. de 10:00 a 19:00 h (18:00 h de octubre a marzo), do. y festivos de 10:00 a 14:00 h - 2 € (7-12 años, 1 €).*
Obras de artistas valencianos, desde el siglo xv hasta la actualidad, y exposiciones temporales sobre la historia de la ciudad.

Cripta arqueológica de la cárcel de San Vicente Mártir ★

E3 *Pl. del Arzobispo, 1 - ✆ 962 084 573 - ♿ - de ma. a sá. de 10:00 a 14:00 h y de 15:00 a 19:00 h; do. y festivos de 10:00 a 14:00 h - 2 € (-16 años, entrada gratuita).*
La cripta arqueológica de la prisión de San Vicente Mártir alberga una pequeña capilla funeraria perfectamente conservada, que se levanta a modo de sepulcro enmarcado por cuatro losas de coro finamente decoradas con follaje. Durante el periodo islámico, el lugar se utilizó como baño. También se conservan dos sarcófagos visigodos de piedra y un mural del siglo II que representa al dios Mercurio. El documental audiovisual *(a petición en recepción - duración: 30 min)* nos lleva en un viaje en el tiempo a través de la historia de san Vicente. Este diácono zaragozano fue ejecutado en un lagar, por lo que se convirtió en el patrón de los viticultores.

Centro de Arte Hortensia Herrero

E4 *Del Mar, 31 - ✆ 689 303 010 - www.cahh.es - de ma. a sá. de 10:00 a 20:00 h, do. de 10:00 a 14:00 h - 10 € (-12 años, entrada gratuita).*
Inaugurado en 2023, este centro expone la colección de arte contemporáneo de una mecenas local. El palacio Valeriola, construido en el siglo XVII, alberga un centenar de obras de artistas de renombre internacional (como David Hockney, Miquel Barceló, Anish Kapoor, Eduardo Chillida),

CATEDRAL Y BARRIO DEL CARMEN

0   100 m

N

Casa-Museo José Benlliure

C. de Guillem de Castro

C. de Liria

C. de Salvador Giner

Centre del Carme Cultura Contemporánea (CCCC)

IVAM - Instituto Valenciano de Arte Moderno

Na

de

C. de los Huertos

Jordana

12

15

C. del Museo

30

Centro Valenciano de Cultura Mediterránea

C. del Marqués de Caro

Pl. J. Maroto Gonzalez

C. Doctor Chiarri

EL CARMEN

Pl. del Carmen

34

C. de la Beneficencia

Pechina

Ripalda

49

C. de la Palma

C. de Santo Tomás

C. Don Borrás

de la

C. del Doctor Sanchís Bergón

4

C. de la Corona

29

C. de S. Ramón

17

C. de Roga

3

19

Portal de la Valldigna

Paseo

de

la

C. de Pere Bonfill

C. de Andrés Juliá

C. del Turia

C. del Padre Manjón

C. Alejandra Soler

C. del Pintor Zariñena

C. de S. Miguel

C. Alta

C. de las Salinas

33

Museu L'Iber

Palacio de los Mercader

Jardín

Botánico

C. de Pinzón

de

Quart

Palacio de los Centelles

C. Palou

de

San Nicolás

Torres de Quart

Quart

C. del Turia

Doctor Montserrat

C. del Borrull

C. de Aladrers

Lope de Rueda

C. de Palomar

C. de Tejedores

C. del Pintor Domingo

En Sendra

Murillo

C. del Moro Zeit

13

C. de la Bosseria

18

C. de la Cardá

C. de Valeriola

5

C. de Sta Teresa

Lonja de la Seda

9

C. de Guillem de Castro

de

del

Lepanto

C. de Eixarchs

Santos Juanes

11

4

C. de

Carniceros

de

Balmes

C. de Viana

C. del Pie de la Cruz

14

Mercado Central

36

C. de las Danzas

C. de

Gran Vía de Fernando "El Católico"

Botánico

Plaça Rojas Clemente

C. de S. Pedro Pascual

C. de Camarón

C. del Triador

Guillem

Sorolla

Maldonado

Av. del Oeste

C. de Liñán

C. de Calabaza

C. de En Gil

C. de Mallorquins

31

C. de Calixto III

C. de Espinosa

C. de Guillem de Castro

del

Bany

C. del Angelicot

C. del Ráfol

C. de Flor

C. de Adresadors

C. de Escolano

C. del Abate

10

Lintern

C. del Maestro Palau

C. de Roger de Vinatea

C. de Rumbau

18

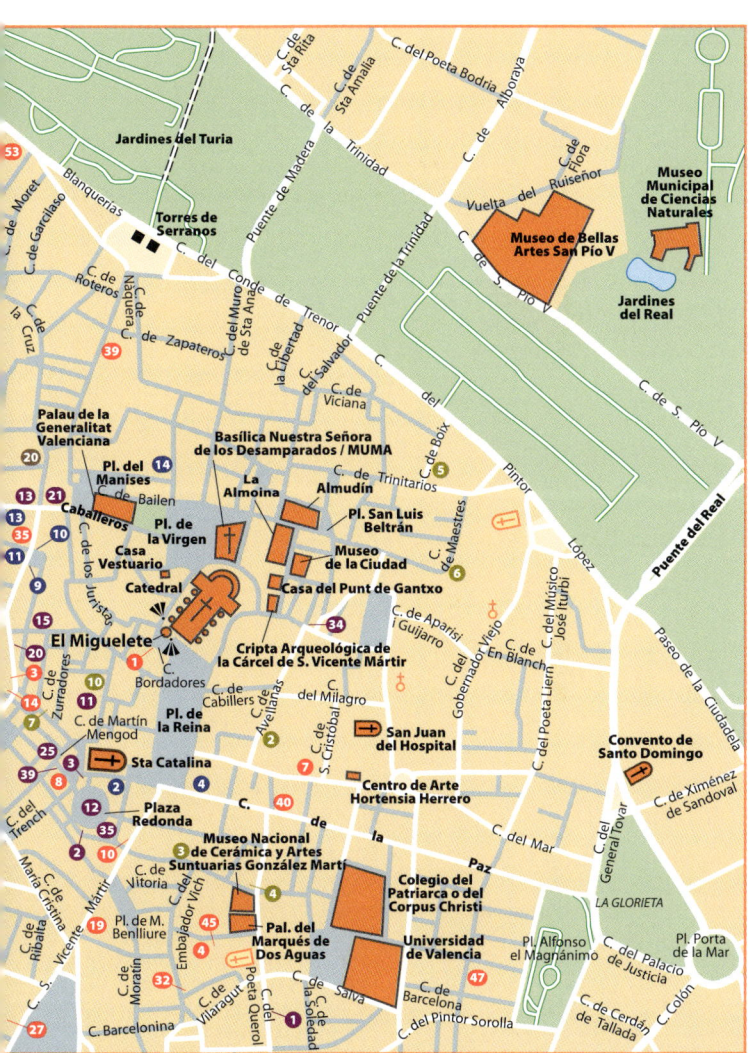

Jardines del Turia

Torres de Serranos

Museo de Bellas Artes San Pío V

Museo Municipal de Ciencias Naturales

Jardines del Real

Palau de la Generalitat Valenciana

Pl. del Manises

Basílica Nuestra Señora de los Desamparados / MUMA

La Almoina

Almudín

Pl. San Luis Beltrán

Caballeros

Pl. de la Virgen

Casa Vestuario

Museo de la Ciudad

Catedral

Casa del Punt de Gantxo

El Miguelete

Cripta Arqueológica de la Cárcel de S. Vicente Mártir

Bordadores

Pl. de la Reina

Convento de Santo Domingo

San Juan del Hospital

Sta Catalina

Centro de Arte Hortensia Herrero

Plaza Redonda

Museo Nacional de Cerámica y Artes Suntuarias González Martí

Colegio del Patriarca o del Corpus Christi

Paz

Pl. de M. Benlliure

Pal. del Marqués de Dos Aguas

Universidad de Valencia

LA GLORIETA

Pl. Alfonso el Magnánimo

Pl. Porta de la Mar

Pl. Alfonso el Magnánimo

DÓNDE COMER

Colmado LaLola . . . . (1)
Tasca Ángel . . . . (3)
La Utielana . . . . (4)
La Riuà . . . . (7)
El Ocho y Medio . . . . (8)
Sagardi . . . . (10)
Boatella Tapas . . . . (11)
La Tastaolletes . . . . (12)
Taberna Jamón Jamón . . . . . . (13)
Taberna La Sénia . . . . (14)
Orio . . . . (19)
El Encuentro . . . . (27)
La Lluna . . . . (29)
La Pitusa . . . . (30)
Karak . . . . (31)
Federal . . . . (32)
María Mandiles . . . . (34)
La Salvaora . . . . (35)
Central Bar
  by Ricard Camarena . . . . . . (36)
La Cigrona . . . . (39)
Birlibirloque Bar . . . . (40)
Manãw - Nikkei Bar . . . . (45)
Ostras Pedrín . . . . (47)
Refugio Restaurante . . . . (49)
Blanqueries . . . . (53)

DÓNDE BEBER

Horchatería Santa Catalina . . (2)
Cappuccino . . . . (4)
Café Negrito . . . . (9)
Ghecko . . . . (10)
La Cava del Negret . . . . (11)
Bar Los Picapiedra . . . . (13)
Café de las Horas . . . . (14)
Café Museu . . . . (15)

DE COMPRAS

Boutique Lladró . . . . (1)
Chez Ramón . . . . (2)
Turrones Ramos . . . . (3)
Original CV . . . . (4)
Bugalú . . . . (9)
Cestería El Globo . . . . (10)
Mercado de Tapinería . . . . . . (11)
Mercadillo
  de la plaza Redonda . . . . . . (12)
@typical Valencia . . . . (13)
Mercado Central . . . . (14)
Bodegas Baviera . . . . (15)
Mercado Mossén Sorell . . . . . (17)
Studio Vintage . . . . (20)
The Espanista . . . . (21)

Santo Spirito Vintage . . . . . . (33)
Simple . . . . (34)
Tienda de las Ollas
  de Hierro . . . . (35)
Abanicos Vibenca . . . . (39)

SALIR POR LA NOCHE

Jimmy Glass Jazz Bar . . . . . . (3)
Café del Duende . . . . (4)
Radio City . . . . (5)
L'Ermità Café Cultural . . . . . . (20)

DÓNDE DORMIR

Casa Clarita . . . . (2)
Petit Palace Plaza
  de la Reina . . . . (3)
SH Inglés Boutique Hotel . . . (4)
Ad Hoc Monumental . . . . (5)
Caro Hotel . . . . (6)
Hostal Antigua Morellana . . . (7)
Hôme Youth Hostel . . . . (8)
Valenciaflats Catedral . . . . . . (10)

seis de las cuales fueron diseñadas especialmente para el centro. Entre estas hay obras de Ólafur Elíasson y de Cristina Iglesias, que invitan al visitante a recorrerlas, creando una experiencia inmersiva e íntima.

Almudín

E3 *Pl. San Luis Beltrán, 1 ☎ 963 525 478 - ♿ - de ma. a sá. de 10:00 a 14:00 h y de 15:00 a 19:00 h; do. y festivos de 10:00 a 14:00 h.*
Rodeada de palacios, la **plaza de San Luis Beltrán** está dedicada a un santo valenciano que predicó en las Américas en el siglo XVI. El santo está representado en la pequeña fuente del centro de la plaza.

En el Almudín (en árabe *almud* es una unidad de medida), un antiguo almacén de grano de principios del siglo XV, remodelado en el siglo XVI, se conservan bellos murales de estilo popular del siglo XVII. El espacio, con planta de basílica de tres naves, se utiliza para exposiciones temporales de arte.

Plaza de la Virgen ★

E3 Situada sobre el antiguo foro, esta encantadora plaza peatonal es el centro neurálgico de Valencia. Su refrescante **fuente** alegórica (1976) rinde homenaje al sistema de riego de la ciudad, creado por los romanos y ampliado posteriormente por los árabes: el hombre del centro simboliza el río Turia; está rodeado por ocho jóvenes que representan los ocho canales que abastecen Valencia.

Bordeada por la Basílica Nuestra Señora de los Desamparados, el Palau de la Generalitat Valenciana y el ábside de la catedral, esta plaza alberga también la Casa Vestuario, donde los jueces del **Tribunal de las Aguas** (🕭 *pág. 16*) se reúnen cada jueves antes de sus deliberaciones públicas. A menudo animada por espectáculos, la plaza adquiere toda su dimensión simbólica durante la procesión de la Virgen de los Desamparados en mayo (🕭 *pág. 116*).

Basílica Nuestra Señora de los Desamparados/MUMA (Museo Mariano)

E3 *Pl. de la Virgen - 🕿 963 919 214 - www.basilicadesamparados.org - ♿ - basílica: todos los días de 07:30 a 14:00 h y de 16:30 a 21:00 h - museo: de lu. a vi. de 10:00 a 14:00 h - cerrado en agosto - 4 €.*

La basílica se construyó en planta elíptica en la segunda mitad del siglo XVII. Unida al ábside de la catedral por una galería renacentista, alberga la estatua de la patrona de los valencianos: la **Virgen de los Desamparados★** apodada «la Jorobadita». La cúpula fue pintada por Antonio Palomino en 1701. Arriba, sobre la tribuna de la basílica, el MUMA alberga una exposición dedicada a la evolución del tema mariano en el arte (pintura, escultura, cerámica, orfebrería, etc.).

Palau de la Generalitat Valenciana ★

DE3 *Caballeros, 2 - 🕿 963 424 636 - visitas concertadas por correo electrónico a protocol.visitaspalau@gva.es.*

Construido en el siglo XV, este hermoso palacio gótico (al que se añadió una torre en el siglo XVII y otra idéntica en el siglo XX) fue, hasta 1707, el lugar donde se reunían los diputados de las Cortes Valencianas, encargados de recaudar los impuestos. Tras atravesar el elegante patio gótico, se accede a un salón cuyo **techo artesonado★**, dorado y policromado, es admirable.

En la 1.ª planta, la Sala de los Reyes (retratos de los reyes valencianos) da acceso al oratorio (retablo del valenciano Juan Sariñena, siglo XVI) y a la gran Sala de las Cortes, cuyo friso de azulejo y artesonado datan del siglo XVI.

Plaza de Manises

DE3 Esta pequeña plaza, que da al Palau de la Generalitat, está salpicada de residencias señoriales con elegantes fachadas. Entre ellas, el **Palacio del Marqués de la Scala** o el **Palacio Vallier** bellamente restaurado en 2019 para albergar un hotel de lujo. También se puede ver el campanario de la antigua **Iglesia de San Bartolomé**.

Calle de Caballeros

DE3 Comienza en la plaza de la Virgen y se adentra en el barrio de **El Carmen**. Siempre bulliciosa, la calle principal del casco antiguo está flanqueada por varios palacios que conservan sus patios góticos, entre ellos el **Palacio de los Mercader** en el n.º 26 y el **Palacio de los Centelles** en el n.º 33.

Museo l'Iber

D3 *Caballeros, 22 - ✆ 963 918 675 - www.museoliber.org - de ma. a sá. de 11:00 a 14:00 h y de 16:00 a 19:00 h; do. de 11:00 a 14:00 h - 8 € (-6 años, entrada gratuita).*

Este museo se encuentra en un antiguo palacio gótico, el **Palacio de los Malferit**, remodelado durante el Renacimiento. Exhibe una notable colección de **soldados de plomo** y recreaciones de batallas.

Iglesia de San Nicolás ★★

D3 *Caballeros, 35 - ✆ 963 913 317 - www.sannicolasvalencia.com - de ma. a vi. de 10:30 a 19:00 h (en verano a 20:30 h); sá. de 10:00 a 19:00 h (en verano a 19:30 h); do. de 13:00 a 20:00 h (en verano a 20:30 h) (-12 años, entrada gratuita)*

Es una de las iglesias más antiguas de la ciudad. El interior fue completamente remodelado en estilo churrigueresco (barroco exuberante). Posee una excepcional colección de **frescos** que cubren 2000 m² realizados a principios del siglo XVIII por **Dionís Vidal**, discípulo de Antonio Palomino; el efecto trampantojo aprovecha las cavidades de las bóvedas góticas. Las bóvedas, que narran la vida de San Nicolás y San Pedro Mártir (el otro patrón de la iglesia), han recuperado su esplendor gracias a una restauración ejemplar. Destaca el retablo de Juan de Juanes en la capilla de la izquierda de la entrada y el calvario de Osona el Viejo

anzeletti/Getty Images Plus

en la capilla de la pila bautismal. En el coro, el **altar mayor** está flanqueado por dos retablos, también de Juanes, encargados por los tejedores valencianos, cuyas tijeras de esquilar pueden verse en el interior de los escudos. Por último, en la nave de la Epístola, la capilla de la Virgen está adornada con dos maravillosas pinturas sobre madera de Fernando Yáñez de la Almedina, restauradas en 2023, que representan la Anunciación a Santa Ana y una Virgen con el Niño. La influencia de Leonardo da Vinci es aquí evidente, ya que De la Almedina trabajó con el maestro durante su estancia en Italia.

En la **plaza de San Nicolás**, busca el edificio de fachada amarilla, en cuyas

La Lonja de la Seda, obra maestra del gótico flamígero.

esquinas hay ventanas en trampantojo con figuras de cuadros famosos.

Lonja de la Seda ★★

D3 *Pl. del Mercado (entrada Calle Lonja, 2, detrás del edificio) - ✆ 962 084 153 - de lu. a sá. de 10:00 a 19:00 h, do. y festivos de 10:00 a 14:00 h - 2 €.*
A petición de los mercaderes de seda de Valencia, esta **lonja de la Seda** fue construida a partir de 1483 por los directores de obra Pere Compte y Joan Ibarra en estilo gótico flamígero. Fue declarada Patrimonio de la humanidad en 1996.
Coronada por una cresta almenada, la fachada principal de la Lonja (frente al Mercado Central) se abre con un hermoso portal. Separado de este por una torre, el lado izquierdo está rematado por una galería decorada con un friso de perfiles medallonados y gárgolas que asemejan monstruos o animales fantásticos. Tanto en el interior como en el exterior del edificio, multitud de figuras en diversas actividades están delicadamente esculpidas entre hojas de acanto y motivos de alcachofas. Se accede a la Lonja por el elegante Patio de los Naranjos. A la izquierda se encuentra el soberbio **salón del Comercio de la Seda★★**, obra maestra de la arquitectura gótica, cuyas altas bóvedas ojivales estrelladas están sostenidas por ocho esbeltas y elegantes columnas retorcidas, y cuyos muros están

perforados por ventanas con delicada tracería.

El segundo edificio de la Lonja, el **Consulado del Mar** albergó en su día el Tribunal de Comercio Marítimo. En la planta baja, se puede visitar una pequeña sala con techos notables. En el primer piso, la **Cámara Dorada★★** tiene un magnífico artesonado de madera dorada, que antaño adornaba el antiguo Ayuntamiento.

Iglesia de los Santos Juanes

D3 *Cerca del Mercado Central - ☎ 963 916 354 - lu. de 10:00 a 14:30 h de ma. a sá. de 10:00 a 19:00 h - 7 €.*
Dedicada a los dos santos Juan, Juan el Bautista y Juan el Evangelista, esta iglesia fue construida en el siglo XIV en estilo gótico. Destruida por un incendio a finales del siglo XVI fue completamente redecorada en los siglos XVII y XVIII. Bajo la magistral cúpula, el conjunto de estucos, esculturas y pinturas barrocas es impresionante. Lugar de ejecuciones durante la Inquisición, la iglesia conserva algunas de sus celdas.

Mercado Central ★★

D4 *Av. María Cristina/Pl. del Mercado - www.mercadocentralvalencia.es - ♿ - todos los días de 07:30 a 15:00 h, excepto do.*
Este mercado cubierto, uno de los más grandes de Europa (8000 m²), fue construido por Alejandro Soler y Francesc Guàrdia entre 1914 y 1928. Edificado sobre una estructura metálica, esta joya de la arquitectura modernista presenta fachadas de varios pisos, con naranjas por todas partes, símbolo de la expansión de

Valencia. Ocupando varias naves cuya intersección está marcada por una gran cúpula, casi un millar de puestos se animan con una intensa actividad.

Iglesia de Santa Catalina

DE3-4 *Plaza de Santa Catalina, 8.*
Esta iglesia se construyó tras la Reconquista sobre los cimientos de una antigua mezquita. Destaca por su hermoso **campanario barroco★** (siglo XVII), que puede verse desde la plaza de la Reina y la calle de la Paz (♿ *pág. 27*).

Plaza Redonda

DE4 Esta plaza circular, con una fuente en el centro, se conoce localmente como **El Clot** («El Agujero»). Fue diseñada en 1840 por el arquitecto neoclásico Salvador Escrig Melchor. Está rodeada de puestos de venta de encajes y pasamanería. Una o dos veces por semana, las encajeras vienen a compartir sus habilidades. Vicente Blasco Ibáñez menciona esta plaza en *Arroz y Tartana*.

Palacio del Marqués de Dos Aguas ★★

Museo Nacional de Cerámica y Artes Suntuarias González Martí

E4 *Poeta Querol, 2 - ☎ 963 516 392 - www.culturaydeporte.gob.es/ mnceramica - ♿ - de ma. a sá. de 10:00 a 14:00 h y de 16:00 a 20:00 h; do. y festivos de 10:00 a 14:00 h - 3 € (-18 años entrada gratuita).*
En 1740, el marqués de Dos Aguas reformó una residencia del siglo XV para crear este espléndido **palacio**

24

barroco★★. Encargó al pintor Hipólito Rovira (1693-1765) y al escultor Ignacio Vergara (1715-1776) la realización de las fachadas barrocas. Las paredes fueron pintadas en su totalidad por Luis Domingo con efecto mármol. Se añadieron ricos balcones y el maestro de obras diseñó un increíble marco de **puerta en alabastro★★★**. Tallado en altorrelieve con motivos vegetales y antropomorfos, representa los dos ríos Turia y Júcar. Sobre la puerta se alza una figura de la Virgen del Rosario.

El **museo de Cerámica y Artes Suntuarias** ocupa dos de las tres plantas del palacio. La planta baja alberga la **carroza★** ricamente decorada del Marqués de Dos Aguas (1753) y una carroza mucho más sobria que data del 1800.

Artes suntuarias - *1.ª planta*. Los techos pintados o estucados, los suelos de mármol y el suntuoso mobiliario reviven el esplendor de los palacios barrocos. Las habitaciones han conservado sus decoraciones de época, a menudo vinculadas a su función: un pequeño **salón chino**, el comedor, el fumoir y el oratorio.

Cerámica - *2.ª planta*. Tras una introducción al mundo de la cerámica, la sala dedicada a la **cerámica musulmana** con su brillo metálico (siglos XIII y XIV procedente de Málaga, Murcia y Manises, lo que demuestra la continuidad entre la cerámica musulmana y la cristiana. El siglo XV fue la Edad de Oro de la **cerámica de Manises** donde la técnica de los reflejos metálicos estaba muy extendida.

ELENAPHOTOS/Getty Images Plus

El palacio del Marqués de Dos Aguas (detalle).

En una pequeña sala se exponen **socarrats**, cuadrados de cerámica en relieve utilizados para decorar los techos. La sala de la loza del siglo XIX es testimonio del predominio de Manises durante este periodo. El siglo XX estuvo marcado por la contribución de artistas de renombre. Muy bonita la reconstrucción de una **cocina valenciana** con paredes cubiertas de azulejos.

Estancias del Marqués - *1.ª planta, suite*. La visita continúa en las habitaciones del Marqués, en la 1.ª planta, con un dormitorio cuyas paredes están revestidas de estuco policromado. Otra habitación ricamente amueblada, el antiguo tocador, presenta una hermosa casa

venemama/Getty Images Plus

Colegio del Patriarca.

de muñecas, y precede a un aseo. La siguiente sala contiene una serie de **muebles de Dresde** decorados con platos de porcelana de la Real Manufactura de Berlín (1863). La araña de porcelana procede de las manufacturas sajonas. El suntuoso **Salón rojo** presenta un suelo de mármol con las iniciales del marqués (MD). La visita termina en el vasto **Salón de baile** con su techo pintado por el artista valenciano José Brel (siglo xix).

Las exposiciones temporales presentan a menudo piezas de cerámica excepcionales.

Universidad de Valencia

E4 *Nave, 2 - ☎ 963 864 377 - www. uv.es - de lu. a vi. de 08:00 a 21:30 h, sá. de 09:00 a 13:30 h - entrada gratuita - exposiciones temporales de ma. a sá. de 10:00 a 14:00 h y de 16:00 a 20:00 h, do. de 10:00 a 14:00 h - entrada gratuita.*

Una bonita plaza sombreada con bancos invita al descanso y la contemplación. En el centro de la fachada de ladrillo hay una fuente porticada que alberga un grupo de estatuas. En el interior, los edificios están dispuestos en torno a un hermoso patio de dos niveles.

Las salas de la planta baja albergan diversas exposiciones especializadas y a menudo fascinantes.

Colegio del Patriarca o del Corpus Christi ★

E4 *Nave, 1.*

Fundado por Juan de Ribera, arzobispo de Valencia y patriarca de Antioquía, este antiguo seminario data del siglo XVI. En el centro de su patio, de armoniosa arquitectura (columnas renacentistas de mármol y basamento de azulejo), se encuentra una estatua del fundador, obra de Benlliure. La **iglesia** es uno de los pocos ejemplos en España de santuario renacentista decorado con frescos; la parte inferior está adornada con magníficos azulejos de Manises. Al otro lado del vestíbulo, la capilla de la Purísima contiene cuatro tapices flamencos del siglo XV. Su techo, pintado por Tomás Hernández, representa a los profetas y tres escenas del Antiguo Testamento.
Museo del Patriarca - ℰ *963 514 176 - www.patriarcavalencia.es - de lu. a vi. de 11:00 a 13:30 h y de 17:00 a 19:00 h; sá. y do. de 11:00 a 13:30 h - 5 € - visita guiada vi. de 10:30 a 12:00 h*. El museo alberga interesantes obras que datan del siglo XV al XVIII: varias pinturas de Juan de Juanes, el magnífico **tríptico de la Pasión★** de Dirk Bouts, una admirable cruz bizantina del monte Athos, un *Ecce homo* de Ribera, así como pinturas de **Morales** y del **Greco** *(Adoración de los pastores)*.

Calle de la Paz

E4 La **calle de la Paz** presenta varios edificios historicistas (👤 *pág. 112*)

con toques modernistas (azulejos, herrajes). Al final, en la **plaza de la Reina**, se encuentra la antigua tienda **La Isla de Cuba** (1896), que combina el vocabulario historicista clásico con nuevas técnicas, como el uso de columnas de hierro fundido. La decoración se centra en el friso superior, formado por palmetas de estilo griego, y en los paneles cerámicos (bailarinas antiguas en azul sobre fondo rosa).

Iglesia de San Juan del Hospital ★

E3 *Trinquete de Caballeros, 5 (acceso por un patio) - ℰ 963 922 965 - www. sanjuandelhospital.es - ⚤ - de lu. a sá. de 09:30 a 13:30 h y de 17:00 a 21:00 h; do. y festivos de 11:00 a 14:00 h y de 17:00 a 21:00 h.*

Esta hermosa iglesia de estilo gótico temprano se construyó en 1238. Fundada por los Caballeros de la Orden de San Juan de Jerusalén, fue el primer edificio construido en Valencia tras la Reconquista. De planta rectangular con ábside poligonal y sin crucero, consta de una sola nave cubierta con bóveda de cañón apuntado y varias capillas. Destaca la capilla de la izquierda, cuyos muros y bóveda están cubiertos con pinturas que representan al arcángel San Miguel (siglo XIII). La tercera capilla de la izquierda tiene un retablo renacentista del siglo XVI que representa la Pasión. A la derecha, hay una capilla de estilo barroco *(la 1.ª a partir del ábside)* y un calvario magníficamente esculpido (última capilla) que datan de los siglos XII y XIV.

Barrio del Carmen★

Punto neurálgico de la vida nocturna, este barrio (El Carme en valenciano), tranquilo e íntimo durante el día, creció sobre un antiguo arrabal, entre la muralla construida en el siglo XI por los musulmanes y la muralla cristiana levantada tras la Reconquista, a partir de 1356. Habitado en la Edad Media por artesanos agrupados en gremios, este barrio era famoso por sus burdeles. Más tarde experimentó un cambio radical, y se convirtió en sede de varios conventos, entre ellos el monasterio carmelita que le dio su nombre. Su fama fue cuestionable durante la revolución industrial, pero cambió. A partir de 1980 la juventud valenciana frecuenta sus cafés y locales nocturnos, y desde entonces cuenta con varios equipamientos culturales de gran calidad.

▶ **Acceso:** Ⓜ Túria. La calle de Caballeros conduce al corazón del barrio, que se extiende al norte del casco antiguo, hasta el cauce del río Turia.
Plano del barrio págs. 18-19. Mapa extraíble CDE2-3.
▶ **Consejo:** Para visitar tanto de día (museos), como de noche (bares y restaurantes).
♿ *«Nuestras sugerencias» págs. 63, 73, 79 y 82.*

Torres de Serranos ★

E2 Ⓜ *Pl. de los Fueros - ✆ 963 919 070 - de lu. a sá. de 10:00 a 19:00 h, do. y festivos de 10:00 a 14:00 h - 2 €.*
Estas torres octogonales forman la antigua puerta de la muralla de Valencia. Son un buen ejemplo de la arquitectura militar de finales del siglo XIV. También servían como arco de triunfo, lo que explica el fino encaje gótico sobre la puerta, que antaño daba al exterior de la ciudad. En este lado se concentra el aparato defensivo. Del lado de la ciudad, las salas tienen forma de logia, lo que impedía al enemigo hacer pie, incluso si tomaba las torres. Observa el elegante diseño de las bóvedas de crucería góticas. Disfruta de las **vistas** de la ciudad y los jardines desde lo alto de las torres.

Casa-Museo José Benlliure

D2 *Blanquerias, 23 - ✆ 963 919 103 - ♿ - de ma. a sá. de 10:00 a 14:00 h y de 15:00 a 19:00 h, do. y festivos de 10:00 a 14:00 h - 2 € (-16 años, entrada gratuita)*
José Benlliure (1855-1937), reputado pintor académico, hizo reconvertir esta casa burguesa hacia 1880. La casa, que conserva parte de su mobiliario, alberga una exposición de obras de Peppino y Mariano Benlliure, hijo y hermano del maestro. Al fondo del jardín está el estudio del pintor, tal y como lo dejó a su muerte: colecciones eclécticas, cuadros inacabados, pinceles y objetos que sirvieron de modelos.

Plaza del Carmen

D2 Situada en el centro de un laberinto de calles serpenteantes, fue en su día el epicentro de la vida nocturna de Valencia, hasta que la «movida» abandonó la zona. Hoy es una tranquila plaza ajardinada, custodiada por la iglesia de la Santa Cruz.

Centre del Carme Cultura Contemporània (CCCC) ★

D2 *Museo, 2 - ☎ 961 922 640 - www. consorcimuseus.gva.es/centro-del-carmen -* ♿ *- de ma. a do. de 10:00 a 20:00 h - entrada gratuita.*
Su dinamismo y la riqueza de su programación han hecho del CCCC una parte esencial de la escena cultural valenciana. La sede está abierta a todos los géneros –artes plásticas, visuales y sonoras, diseño, danza experimental, microteatro, performance, artes digitales, etc.– y a todas las disciplinas –arquitectura, edición, urbanismo, medicina, economía, etc.–. La elección de los artistas y de las exposiciones, muchas de ellas comprometidas, refleja una preocupación por el diálogo entre el mundo artístico y las problemáticas de la sociedad contemporánea.
Las distintas exposiciones tienen lugar en un marco excepcional: el antiguo monasterio carmelita, que albergó el Museo de Bellas Artes hasta 1946. Abundantemente arbolado, el **claustro** de dos plantas data del Renacimiento. Comunica con el elegante claustro gótico, construido con anterioridad y muy sobrio. Las salas presentan una gran variedad de estilos, desde la capilla medieval hasta la espaciosa **Sala Ferreres** (1924), de líneas medio modernas, medio clásicas, que acoge la exposición magistral de la temporada.

Instituto Valenciano de Arte Moderno (IVAM) ★
Centro Julio González

C2 *Guillem de Castro, 118 - ☎ 963 176 600 - www.ivam.es -* ♿ *- de ma. a do. de 10:00 a 19:00 h - 5 € (-16 años, entrada gratuita).*
Ocupa un vasto edificio dedicado al arte moderno y contemporáneo. Más de 5000 obras de grandes artistas y otras tantas fotografías (de Man Ray, Robert Capa y Brassaï) componen la colección del museo, entre ellos Picabia, Robert y Sonia Delaunay y El Lissitzky. El IVAM expone la casi totalidad de la colección de **Julio González** (1876-1942), uno de los principales escultores españoles del siglo xx; se presentan los diferentes periodos artísticos de este artista, que también fue pintor y trabajó principalmente en Francia. Las obras del final de su vida son especialmente conmovedoras (*Máscara de Montserrat gritando*).
La obra de **Ignacio Pinazo** (1849-1916), que forma parte importante de la colección de arte moderno, pone de relieve la transición de la pintura académica a la moderna.
En el sótano, la **Sala de la Muralla** acoge exposiciones temporales en torno a un resto de la antigua muralla medieval.

Centro Cultural La Beneficència ★
Centro Valenciano de Cultura Mediterránea

C2 *Corona, 36 - ☎ 963 883 565 - www. labeneficencia.es/es - de ma. a do. de 10:00 a 20:00 h - entrada gratuita.*

29

Este antiguo convento agustino alberga dos museos dedicados a la historia y el espíritu de la ciudad. Plantados con ficus gigantes y otras especies exóticas, sus patios son un remanso de paz en pleno centro de la ciudad. También cuenta con una acogedora cafetería.

Museo de Prehistoria de Valencia - Este museo reúne los objetos de las excavaciones realizadas en la región, desde el Paleolítico hasta la época romana: platos de la cueva del Parpalló, cerámica neolítica, arte ibérico con el **Guerrero de Moixent** (bronce, siglo IV a. C.) y el **Tossal de Sant Miquel** o Jarrón de los Guerreros (siglo III-II a. C.). De la época romana destaca una estatua de bronce a la cera perdida, el **Apolo de Pinedo**, descubierto en el mar en 1963.

Etno★ - Pequeño museo etnológico, dedicado a la cultura popular y a las tradiciones de la Comunidad Valenciana. Un recorrido sorprendente, original y a veces humorístico, basado en la idea de que «no es fácil ser valenciano». Una museografía dinámica desempolva nuestra visión de los años 1800-1900 y pone de relieve las dualidades: *huerta* y *marjal*, problemática local y global, pensamiento moderno y vuelta a las raíces.

Torres de Quart ★

C3 Pl. *Guillem de Castro, 89 - ☎ 963 525 478 - de lu. a sá. de 10:00 a 19:00 h, do. y festivos de 10:00 a 14:00 h - 2 €.* Otro ejemplo de arquitectura militar medieval, estas imponentes torres redondas (siglo XIV) flanqueaban una de las puertas de la ciudad.

Gatsi/Getty Images Plus

Se construyeron con la técnica del mortero encofrado, reservando la piedra cortada para las esquinas. En 1812, las torres fueron gravemente dañadas por los cañonazos durante el asedio de la ciudad por el ejército napoleónico. Los muros aún conservan algunas de las cicatrices de este episodio. Subida un poco empinada, pero una bonita vista de la ciudad desde lo alto de una de las torres. No muy lejos, el **Portal de la Valldigna** es una abertura realizada en 1440 en la muralla árabe para dar acceso a la Morería, el barrio donde se recluyó a los musulmanes que permanecieron en Valencia tras la Reconquista.

Las Torres de Serranos, vestigios de las murallas de la ciudad.

Jardín Botánico

BC2-3 *Quart, 80, junto al Paseo de la Pechina - ℘ 963 156 800 - www.jardibotanic.org - de mayo a agosto de 10:00 a 21:00 h; abril y septiembre de 10:00 a 20:00 h; marzo y octubre de 10:00 a 19:00 h; de noviembre a febrero de 10:00 a 18:00 h - 4€ (-7 años, entrada gratuita).* Valencia fue una de las primeras ciudades españolas en seguir la moda de los jardines de estudio nacida en el siglo XVI en Italia. El emplazamiento actual del jardín data de 1802 y, a pesar de un largo declive en el siglo XX, hoy es un centro de investigación y agradable lugar de aprendizaje y paseo. Junto al invernadero tradicional se alza el **Umbracle★**, que alberga vegetación de sotobosque: esta elegante estructura de hierro, reconstruida en 1990, ayuda a reducir la luz solar directa. Todas las colecciones botánicas están divididas en familias: palmeras, orquídeas, plantas acuáticas y plantas medicinales.

El emblemático lugar de conciertos

Los amantes del *jazz* pueden completar su visita a este barrio en el histórico Jimmy Glass Jazz Bar. (♿ *pág. 82*).

Del Ayuntamiento al Ensanche★

Entre 1850 y 1920, el desarrollo económico y la aparición de una burguesía industrial condujeron a la urbanización de nuevos barrios o «ensanches» más allá de las murallas y a una remodelación parcial del trazado viario de los barrios históricos. Se construyeron edificios públicos espectaculares según el estilo burgués de la época, con órdenes colosales, torreones y rica decoración. Inicialmente ecléctica e historicista (estilos «neo»), la arquitectura adoptó el estilo modernista en las primeras décadas del siglo xx. Hoy en día, la gente viene aquí principalmente por sus *boutiques* de lujo o por los numerosos bares y restaurantes cerca de la calle del Conde de Altea.

▶ **Acceso:** Ⓜ Colón, Xàtiva o Bailén. Al sur del centro histórico a ambos lados de las calles Xàtiva y Colón.

Mapa extraíble DEF5-6.

▶ **Consejo:** Prevé medio día, un poco más si te gusta mirar escaparates.
♿ *«Nuestras sugerencias» págs. 64-66, 73, 79-80, 82 y 87-88.*

Plaza del Ayuntamiento ★

DE4-5 Esta enorme plaza peatonal, vagamente triangular, diseñada en el siglo xix tras la demolición del Convento de San Francisco en 1881, adoptó su aspecto actual en 1927. Cuenta con una fuente circular, jardineras y la estatua de **Francesc de Vinatea** (1273-1333). Aquí es donde se reúnen los valencianos en ocasiones especiales, como las Fallas, cuando toda la ciudad sale a contemplar el ensordecedor estruendo de la **mascletà** todos los días a las 14:00 h (♿ *pág. 115*). También aquí se sitúa la gran **Falla del Ayuntamiento**, que ofrece el consistorio.
Ayuntamiento - La plaza está dominada por el Ayuntamiento, construido en 1915, que presenta una fachada ecléctica (esculturas de Mariano Benlliure) con un orden colosal (columnas que se elevan varios pisos), dos torres esquineras rematadas con cúpulas, un pórtico de entrada y un campanario. Alberga el **Museo Histórico Municipal** (☎ *962 081 181 - de lu. a vi., excepto festivos, de 09:00 a 14:00 h - entrada gratuita)*, reformado en 2023 y donde se conservan la *senyera* o pendón de la ciudad (♿ *recuadro pág. 115*) y la espada de Jaime I el Conquistador. El Ayuntamiento alberga también el **Refugio Antiaéreo del Ayuntamiento** *(acceso carrer de Arquebisbe Mayoral, 1 - de ma. a sá. de 10:00 a 14:00 h y de 15:00 a 19:00 h, do. y festivos de 10:00 a*

14:00 h - entrada gratuita), uno de los numerosos refugios subterráneos construidos durante la Guerra Civil para proteger a la población de los bombardeos (👆 *pág. 41*). Varios paneles explicativos, así como un cortometraje con testimonios de valencianos que vivieron esta época, arrojan interesante luz sobre la importancia de este tipo de refugios durante el conflicto, cuando la ciudad se convirtió en sede del gobierno republicano.

Fachadas - A su alrededor, los edificios compiten en altura y profusión decorativa, algunos coronados con colosales esculturas. En el n.º 6, el **Edificio March** (1934-1936) es típico del **racionalismo arquitectónico**. En el n.º 8, el **Edificio Gil** (1932) es emblemático del *art déco* **valenciano**, con su fachada de ladrillo decorada con cerámica verde y amarilla, sus motivos florales estilizados y su alta torre geométrica. El **Edificio Cervera** (1931), en el n.º 10, presenta características similares. En el n.º 17, el elegante **Edificio Rialto** (1939, de estilos racionalista y *art déco*) alberga la Filmoteca, referente de la proyección de películas de archivo.

Al norte del Palacio de las Comunicaciones hay dos **edificios neogóticos** con fachadas de colores.

Palacio de las Comunicaciones

E5 *Frente al Ayuntamiento, esquina con la calle Correos - de ma. a do. de 12:00 a 20:00 h - entrada gratuita.* La antigua **oficina central de Correos**, inaugurada en 1923, tiene una fachada ecléctica y modernista, al igual que el Ayuntamiento. En 2022 se convirtió en centro cultural y acoge exposiciones temporales. Una suntuosa **cubierta de cristal★** cubre la cúpula con su decoración neoclásica de guirnaldas de flores y lazos. Una esbelta torreta metálica coronada por un mapamundi simboliza la función del edificio. En la fachada, la alegoría de los cinco continentes evoca la modernidad y la interconexión que ofrecían el correo y el telégrafo a principios del siglo xx.

Museo Valenciano de la Ilustración y de la Modernidad - MuVIM

D5 *Quevedo, 10 y Guillén de Castro, 8 - 📞 963 883 730 - www.muvim.es - ma. y sá. de 10:00 a 14:00 h, do. y festivos de 10:00 a 20:00 h - entrada gratuita - visita guiada previa cita, duración 1 h.* Este hermoso edificio moderno (2001) del arquitecto Guillermo Vázquez Consuegra es escenario de numerosas exposiciones de arte, a menudo relacionadas con temas políticos y sociales. Una visita guiada, **«La aventura del pensamiento»**, con mediadores vestidos de época y tecnología audiovisual, recorre cinco siglos de historia intelectual y social en Europa.

Museo y Colegio del Arte Mayor de la Seda

D4-5 *hospital, 7 - 📞 963 511 951 - www.museodelasedavalencia.com - de ma. a sá. de 10:00 a 19:00 h.; do. de 10:00 a 14:30 h - 9 € (reducida, 7 €) - tienda, restaurante.*

Ubicado en la antigua sede del Gremio de Artesanos de la Seda, este museo de gestión privada ofrece una visión del arte de la sedería, que floreció en Valencia en el siglo xv, cuando la ciudad se convirtió en un modelo de producción. Gracias al amplio patrimonio que conserva, que incluye una réplica de un telar del siglo xviii, el visitante puede conocer de primera mano cómo se fabricaba el preciado tejido. No te pierdas los suntuosos suelos de **cerámica** del siglo xviii de la capilla y el salón. El museo también acoge exposiciones temporales.

Avenida del Marqués de Sotelo

D5 También en este caso, varios edificios de estilo ecléctico lucen fachadas que combinan elementos arquitectónicos y decoraciones de diferentes corrientes: portadas monumentales, torres, terrazas superpuestas, campanarios, frontones de todas las formas y tamaños, etc.

Estación del Norte ★★

D6 Monumento emblemático de la arquitectura modernista valenciana, la Estación del Norte fue construida por **Demetrio Ribes** entre 1909 y 1917. Fuertemente inspirado en el estilo de la Secesión austriaca, sobre todo en su estructura geométrica, el edificio también lleva la impronta de su entorno valenciano, visible en la ornamentación: frisos de cerámica en relieve que representan naranjos y paneles de mosaico que describen escenas agrícolas de la **huerta**. En el vestíbulo se aprecian otros detalles decorativos: columnas de farolas, paneles de mosaico dorado con la frase *«Buen viaje»* en varios idiomas y taquillas de madera tallada.

Plaza de Toros

DE6 Junto a la estación, la Plaza de Toros, inaugurada en 1856, fue construida en estilo neoclásico por Sebastián Monleón, de quien se dice que se inspiró en la plaza de toros de Nîmes. Es una de las plazas de toros más importantes de España.
♿ *Ver también «Corridas» pág. 94 y «Toreros» pág. 119.*

Calle de Cirilo Amorós

E6-F5 Esta calle atraviesa una zona residencial, **El Pla del Remei**, que se desarrolló a finales del siglo xix y principios del siglo xx. Hoy se ha convertido en una zona chic donde se codean diseñadores y boutiques de moda, sobre todo desde la ejemplar restauración del Mercado de Colón en 2003.
En el n.º 26, destacan los bellos orieles que incorporan elementos de la arquitectura gótica, en particular el rosetón, y, en el n.º 27, una puerta y un balcón de estilo *art nouveau* con un toque de barroco español.
En el n.º 29 se encuentra la **Casa Ferrer**, en cuyo frontón figura la fecha de construcción, 1908. Construida por el arquitecto Vicente Ferrer Pérez, presenta un estilo *art déco* característico: motivos decorativos de rosas estilizadas en cerámica, discos en relieve sobre un triglifo y un fondo decorativo en damero. Los frontones, perforados por óculos, están tratados

como acroteras (ornamentos esculpidos), destacando sobre el cielo.

Mercado de Colón ★★

F5 *Jorge Juan, 19 - www. mercadocolon.es -* ♿ *- todos los días de 07:30 a 02:30 h.*

Este magnífico edificio de 1916 es obra de Francisco Mora Berenguer, con la colaboración del pintor Ramón Roca y el escultor Ricardo Tárrega. Las dos fachadas de ladrillo están unidas por una estructura portante y un entramado metálico revestido de vidrio. La **fachada principal**★★ está ricamente decorada según la tradición valenciana: piedra «rusticada» (trabajada para darle un aspecto rugoso), mosaicos de colores que representan escenas de la huerta como la cosecha de la naranja, y cerámica arquitectónica de brillo metálico. El murciélago, emblema de la ciudad, destaca sobre los ornamentos reales de la parte superior del frontón. El mercado, que ya no cumple su función principal, alberga varias tiendas y restaurantes, entre ellos una horchatería y el famoso Habitual (♿ *pág. 65*) del chef valenciano Ricard Camarena.

Casa de los Dragones

F5 *Esquina Sorni/Jorge Juan.*

Esta mansión debe su nombre a las esculturas que adornan su fachada. Si te fijas bien, también verás una locomotora alada. Construido en 1901 por José Manuel Cortina, el edificio se basa en el repertorio neogótico tradicional, hasta el punto de que ha sido descrito como «medievalismo fantástico».

Nickos/Getty Images Plus

Estación del Norte, detalle de la decoración.

Banco de Valencia

E5 *Esquina de la calle del Pintor Sorolla.*

La fachada y la parte superior de este edificio bancario son de estilo neobarroco: pintura rosa, motivos de azulejos predominantemente amarillos, balcones curvos, marcos de ventanas moldurados y linterna con columnas.

Un dulce descanso

No te vayas del barrio sin hacer una escapada a la pastelería Turrones Galiana, con sus deliciosas tartas caseras. ♿ *pág. 79.*

Barrio de Russafa★

Cosmopolita, animado, artístico y relajado: Russafa es el barrio de moda de Valencia. Tiendas alternativas, bares y galerías, estudios creativos y de diseño, tiendas de ropa de segunda mano, *boutiques* de moda, restaurantes, cafés-teatro y salas de conciertos han tomado sus calles, atrayendo a un público joven y bohemio hasta altas horas de la madrugada. Una visita ineludible para descubrir la Valencia que se reinventa y se mueve.

▶ **Acceso:** Ⓜ Alacant o Russafa. Las calles Cádiz y Sueca son las principales vías del barrio, pero las pequeñas calles perpendiculares son igual de animadas.

Mapa extraíble DEF7-8.

▶ **Consejo:** A no ser que quieras hacer aquí la compra, elige las tardes y noches, de ju. a sá., cuando el barrio está en plena efervescencia.

♿ *«Nuestras sugerencias» págs. 66, 73, 80 y 84.*

Este barrio surgió de un palacio y jardín de recreo (*russafa* en árabe) trazado en el siglo IX por el príncipe moro Al-Balansi. Más tarde, Russafa se convirtió en un suburbio agrícola de la ciudad, antes de incorporarse a Valencia cuando se derribaron las murallas de la ciudad en 1877. Como parte del plan de desarrollo urbano del Ensanche, se dotó al barrio de calles rectas en lugar de las más caprichosas del antiguo pueblo. Abandonado y descuidado a finales del siglo XX, Russafa ha recuperado desde entonces una auténtica vida de barrio, que gira en torno a su mercado central y sus pequeños comercios. Hoy en día, es una delicia pasear por las calles bordeadas de edificios con fachadas de colores, motivos ornamentales de estuco y balcones de hierro forjado.

Un barrio lleno de vida

Este barrio obrero vivió una cierta efervescencia en la década de 1930 bajo la influencia de los anarquistas que habían hecho de él su cuartel general: aquí abundaban los teatros, las salas de exposiciones, las revistas literarias y los cafés. Tras la Guerra Civil, entró en un largo periodo de decadencia, pero siguió siendo un lugar animado con una «vida callejera» muy activa, aunque su reputación sufrió injustamente la presencia de un gran número de inmigrantes en los años ochenta.

Mercado de Russafa

E7 *Barón de Cortes - todos los días de 07:30 a 15:00 h, excepto do.*
Este mercado de coloridos puestos está considerado por los gourmets como el mejor de la ciudad. Los lunes se convierte en un simpático mercadillo al aire libre (floristerías, ropa de segunda mano). Al lado,

T.Popova/Getty Images Plus

Fachadas típicas de Russafa.

la **iglesia barroca de San Valero** es la antigua iglesia del pueblo independiente.

Calle de Cádiz

E7-8 Atraviesa el barrio de norte a sur y luce coloridas fachadas. Pequeños bares, restaurantes y boutiques de moda jalonan la calle.

Sporting Club Russafa

E6-7 *Sevilla, 5 - www. sportingclubrussafa.com.*
Esta asociación, creada en 2003, ocupa el antiguo club de boxeo y ofrece un amplio espacio dedicado a la creación cultural: danza, espectáculos, cine, eventos literarios y exposiciones de pintura, escultura, fotografía, etc.

Color Elefante

E7 *Sevilla, 26 - ☎ 686 795 077 - www. facebook.com/colorelefante.*
Fue la primera galería de arte que abrió sus puertas en el distrito, en el año 2000. Un lugar abierto a todas las formas de exploración artística y experiencias creativas alternativas: musicales, gráficas, culinarias, etc.

Russafart

Estas «jornadas de puertas abiertas» de mayo y junio son una oportunidad para descubrir los estudios de los artistas. La próxima edición de este evento, que se celebra cada dos años, está prevista para 2026.
♿ *Agenda cultural pág. 102.*

Jardines del Turia★

Estos jardines de palmeras, adelfas y pinos, y equipados con pistas deportivas y zonas de juego, ocupan el cauce seco del río Turia. Conocido comúnmente como «El río», este corredor verde de 9 km atravesado por dieciocho puentes lleva a los paseantes desde la Ciudad de las Artes y las Ciencias, en el sureste, hasta el Parque de Cabecera y el Bioparc, en el noroeste. Tras las catastróficas inundaciones del 14 de octubre de 1957, se decidió desviar el curso del río hacia el sur de la ciudad. Transformar este caprichoso curso de agua en un hermoso y amplio paseo marítimo: esta fue la hazaña lograda por los valencianos entre 1964 y 1973.

▶ **Accesos:** El antiguo curso del río describe una curva que encierra el casco antiguo por el noroeste (Parque de Cabecera, a 10 min a pie de la estación Ⓜ Nou d'Octubre) hasta el sureste (Ciudad de las Artes y las Ciencias, Ⓜ Ciutat Arts i Ciènces - Justícia ♿ pág. 42).

Mapa extraíble A3-H8.

▶ **Consejo:** Alquila una bicicleta para explorar los jardines, como hacen muchos valencianos. Con carriles bici y vegetación impecablemente cuidados, ¡la experiencia es un placer! (♿ Ver «Bicis», pág. 98)
♿ «Nuestras sugerencias», págs. 68, 74, 85 y 88.

Entre la Ciudad de las Artes y las Ciencias y el Museo de Bellas Artes San Pío V, el antiguo cauce del río Turia lo atraviesan varios puentes, entre ellos el **Puente de Aragón**, una estructura de piedra por la que se pasa en coche al llegar desde Barcelona, y hay tres puentes peatonales: el **Puente del Mar** (construido en el siglo XVI como el **Puente del Real**), el **Puente Calatrava** (**de la Exposición**, 1995), primer proyecto del arquitecto en su ciudad natal y apodado «Puente de la Peineta» por su forma, y el **Puente de las Flores** también diseñado por Calatrava (2002) y decorado con plantas ornamentales.

Parque Gulliver

GH7 ☎ 963 370 204 - todos los días de 10:00 h a puesta del sol - entrada gratuita.
Es un paraíso para los niños, que se convierten en liliputienses al enfrentarse a esta inmensa estructura del gigante Gulliver tumbado en el suelo. Un original recorrido lúdico de toboganes y telas de araña.

Palau de la Música

G6 Paseo de la Alameda, 30 - ☎ 963 37 50 20 - www.palauvalencia.com.
Aunque menos espectacular que los edificios de la Ciudad de las Artes y las Ciencias, esta sala de conciertos con una acústica excepcional, diseñada en

1987 por el arquitecto **José María de Paredes**, también es un notable logro arquitectónico, especialmente por su gran bóveda acristalada.

Convento de Santo Domingo

F3-4 *Pl. de Tetuán, 22 - todos los días de 08:00 a 14:00 h.*
Se dice que el portal clásico de este convento, adornado con santos en sus nichos, fue diseñado por el propio rey Felipe II. Tras un hermoso patio, la Capilla de los Reyes alberga un retablo de finales del siglo xvi que representa a la Virgen de la Esperanza, así como una sillería de coro plateresca tallada.

Jardín de Monforte ★

FG2-3 *Pl. de la Legión Española - todos los días de 10:30 a 20:00 h (a 18:30 h en invierno).*
Catalogado como uno de los jardines más bellos de España, ofrece un seductor paseo entre estatuas y estanques de mármol italiano.

Jardines del Real ★

EF1-2 *San Pío V - todos los días de 08:00 h a puesta de sol.*
También conocidos como «Viveros», son el parque más grande de la ciudad. Es en otoño (cuando los «árboles botella», o ceibas, florecen de color rosa) y primavera cuando revelan todo su encanto.

Museo Municipal de Ciencias Naturales

F2 *En los Jardines del Real - de ma. a do. de 10:00 a 19:00 h - 2 €.*
El **Museo de Ciencias Naturales**

Moonstone Images/Getty Images Plus

Los jardines del Turia.

transporta al visitante a la prehistoria: minerales espectaculares, conchas gigantes, esqueletos de dinosaurios y, en la planta inferior, el emblema del museo: el Megaterio.

Museo de Bellas Artes San Pío V ★★

EF2 *San Pío V, 9 - Ⓜ Pont de Fusta (línea 4) - ✆ 963 870 300 - www. museobellasartesvalencia.gva.es - ♿ - de ma. a do. de 10:00 a 20:00 h - entrada gratuita.*
Junto a los Jardines del Real, el **Museo de Bellas Artes** ocupa un antiguo seminario (siglos xvi-xvii). Es especialmente interesante por su **colección de primitivas**

40

valencianas★★. Sus retablos atestiguan la vitalidad de la escuela valenciana del siglo xv. Entre los artistas representados figuran Jacomart y Osona el Joven. Destacan el impresionante *Retablo de la Concepción*, obra de varios artistas, y el de los *Siete Sacramentos*, del florentino **Gherardo Starmina**. En el gótico internacional destacan las obras de **Gonçal Peris Sarrià** (Gonzalo Pérez), como el retablo de *San Martín*, de influencia flamenca, y el curioso cuadro de dos caras de *La Anunciación* y *La Verónica de la Virgen*. El *Tríptico de las Injurias*, del taller de Jerónimo Bosch, llama la atención por la expresividad de sus rostros.

La pintura **renacentista**, que floreció en Valencia, destaca por las obras de **Macip** y **Juan de Juanes** *(Virgen del Venerable Agnesio)*, **Yáñez de la Almedina** y **Fernando Llanos**, cuyas coloristas pinturas reflejan el estilo de Leonardo da Vinci.

A principios del siglo xvii, **Ribalta** *(San Francisco abrazando al Crucificado)* introduce en España el tenebrismo, un estilo pictórico inspirado en Caravaggio y marcado por un fuerte contraste entre la luz que baña la figura central y la sombra del fondo. Esta tendencia culminó con Ribera (impresionante *San Sebastián*). Los grandes nombres del Siglo de Oro español –**Morales, Murillo, Velázquez**– están presentes; **Goya** destacó en el arte del retrato, como lo demuestra el famoso *Retrato de Doña Joaquina Candado*.

En el xix la pintura valenciana volvió al primer plano con **Joaquín Sorolla** (♿ *pág. 118*) pintor de la luz levantina,

inspirado en el impresionismo. En esta línea luminista, ver también *La Mosca* un retrato de **Cecilio Pla**.

Entre las obras contemporáneas destacan dos colectivos valencianos inspirados en el arte pop: **Equipo Crónica** (1965-1981) y **Equipo Realidad** (1966-1977).

Benimaclet

GH1 Ⓜ *Benimaclet (líneas 3, 4, 6 y 9).*
Al noreste de los Jardines del Real, este antiguo pueblo independiente de Valencia, hoy popular entre los estudiantes, conserva el encanto y la tranquilidad de su pasado rural. Desde la estación de metro, toma la calle de Emilio Baró y gira a la derecha por la calle del Músico Belando. Esta tranquila calle está flanqueada por bonitas casas populares con fachadas revestidas de azulejos. La calle de Masquefa, a la derecha, lleva a la plaza de Benimaclet *(pequeño mercado los vi. de 09:00 a 14:00 h)* dominada por un edificio del siglo xvi. En la esquina de la calle Mistral con la calle de la Murta, observa la atractiva fachada de la **Casa de Trencadís** que hoy alberga el bar El Colmado (♿ *pág. 74*).

Bombas Gens – Centre d'Arts Digitals ★

Fuera del mapa *Av. de Burjassot, 54 -* Ⓜ *Túria (líneas 1 y 2) -* ☏ *963 463 856 - www.bombasgens.com - de 10:00 a 21:00 h (última entrada a las 19:00 h) - 9,50/14,50 € según el día de la semana.*

En una antigua fábrica *art déco* de bombas hidráulicas magníficamente restaurada, el estudio barcelonés Layers of Reality organiza exposiciones temporales inmersivas utilizando tecnologías de realidad extendida e inteligencia artificial. En el mismo edificio, un maravilloso jardín de inspiración modernista y *art déco*, creado por el paisajista valenciano Gustavo Marina, combina admirablemente especies autóctonas y exóticas. La fuente-río de la escultora Cristina Iglesias añade un toque refrescante y poético. Por último, se puede visitar una bodega medieval descubierta durante la restauración del edificio, así como una cabaña que sirvió de refugio a los trabajadores de la fábrica durante los bombardeos de la Guerra Civil. El centro también alberga un restaurante de dos estrellas (Restaurante Ricard Camarena).

Museo de Historia de Valencia ★

Fuera del mapa *Valencia, 42, junto al Parque de Cabecera -* Ⓜ *Nou d'Octubre (líneas 3, 5 y 9) - ☎ 963 701 105 - www. mhv.valencia.es - ♿ - de ma. a sá. de 10:00 a 19:00 h, do. y festivos de 10:00 a 14:00 h - 2 € (-16 años, entrada gratuita).* Ubicado en las salas abovedadas de un **antiguo aljibe** (1850), este museo presenta la historia de Valencia desde la época romana hasta nuestros días a través de fotografías, pinturas y grabados, películas en varios idiomas, etc.

Parque de Cabecera

Fuera del mapa Este extenso y muy agradable espacio natural está adornado con lagos y jardines temáticos e incluye el Bioparc. Completa los 9 km de verdes Jardines del Turia.

Bioparc ★★

Fuera del mapa *Av. Pío Baroja, 3 -* Ⓜ *Nou d'Octubre (líneas 3, 5 y 9) - ☎ 960 660 526 - www.bioparcvalencia. es - julio y agosto de 10:00 a 21:00 h; de abril a junio de 10:00 a 20:00 h; de septiembre a mediados de octubre de 10:00 a 19:00 h; de mediados de octubre a marzo de 10:00 a 18:00 h - 28,90/30,90 € (4-12 años 22,60/24,20 €).* Este magnífico parque de animales ocupa 10 ha. Leopardos, leones, jirafas, elefantes, gorilas e hipopótamos deambulan prácticamente en libertad en magníficos espacios creados respetando su entorno natural; se han recreado cuatro ecosistemas africanos (sabana, lagos, bosque ecuatorial y Madagascar). A poca distancia del centro de la ciudad.

41

Palacio de Congresos ★

Fuera del mapa *Av. de las Cortes Valencianas, 60 -* Ⓜ *Palau de Congresos (línea 4) - ☎ 963 179 400 - www. palcongres-vlc.com.* A los amantes de la arquitectura contemporánea les encantará este palacio de congresos, diseñado por **Norman Foster** en 1998. Su cubierta curva en forma de rombo, prolongada por una marquesina, recuerda la proa de un barco. El edificio se utiliza para conferencias internacionales, ferias y espectáculos de prestigio. No muy lejos, el futuro estadio de fútbol **Nuevo Mestalla** (Nou Mestalla - *av. de las Cortes Valencianas*), en forma de pétalos de flores, acogerá a más de 66 000 personas una vez finalizadas las obras.

Ciudad de las Artes y las Ciencias★★★

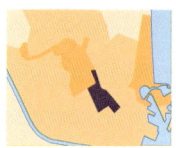

¡Una galaxia diferente! Inaugurados entre 1998 y 2009, los seis edificios que componen la Ciudad de las Artes y las Ciencias representan uno de los mayores proyectos culturales de Europa, confiado al arquitecto hispano-mexicano Félix Candela y a Santiago Calatrava. Las extrañas siluetas de estos edificios, algunas de las cuales recuerdan a animales quiméricos, se reflejan en el agua azul de enormes estanques artificiales. Puede que te encante, puede que lo odies, pero nadie queda indiferente ante este símbolo de una ciudad en movimiento.

▶**Acceso:** Ⓜ Ciutat Arts i Ciències - Justícia u Oceanogràfic (línea 10). Autobús 95 desde la calle del Conde de Trénor, detrás de las Torres de Serranos, o autobús 35 desde la plaza del Ayuntamiento: parada Ciutat de la Justícia. En bici o a pie por los Jardines del Turia (♿ *pág. 38*). 🅿 Umbracle: de lu. a do. de 08:00 a 23:30 h - 2,30 €/h.

▶**Información útil:** Av. Professor López Piñero, 7 - ☏ 961 974 686 - www.cac.es - horarios y precios: consultar cada recinto en las páginas siguientes - entradas combinadas (precios variables según temporada): Hemisfèric + Museo de las Ciencias + Oceanogràfic 48,70 € (4-12 años 38,20 €), entrada válida para 1, 2 o 3 días. Hemisfèric + Museo de las Ciencias 13:30 € (4-12 años 10,20 €); Hemisfèric + Oceanogràfic 42,50 € (4-12 años 32 €); Museo de las Ciencias + Oceanogràfic 42,70 € (4-12 años 32,20 €).

Plano del barrio pág. 45. Fuera del mapa extraíble en dirección H8.

▶**Consejo:** Amplía tu visita con un paseo por el antiguo cauce del río Turia. ♿ *«Nuestras sugerencias» págs. 68, 74, 81, 85 y 88.*

Valencia se ha convertido en uno de los escaparates de la arquitectura contemporánea mundial con la Ciudad de las Artes y las Ciencias. En unos pocos monumentos emblemáticos, construidos a lo largo de casi 2 km del antiguo cauce del Turia, la ciudad despliega su visión del tercer milenio, convirtiéndose en una de las ciudades más ambiciosas de Europa, como lo fue durante su Siglo de Oro (siglo xv, ♿ *pág. 110*). Dos arquitectos han dado aquí rienda suelta a su creatividad. Uno es valenciano, y mundialmente famoso: **Santiago Calatrava** *(1951, ♿ pág. 119)*, entre cuyos diseños figuran el Museo de las Ciencias, cuya silueta recuerda a un dinosaurio, el Umbracle, el Hemisfèric en forma de ojo, el Palau de les Arts, así como el Ágora y el Puente de l'Assut de l'Or. **Félix**

Candela (1910-1997), mexicano de origen español que diseñó el Palacio de los Deportes para los Juegos Olímpicos de Ciudad de México, también diseñó el Oceanogràfic, un acuario con forma de nenúfar.

Palau de les Arts Reina Sofía ★

H8 *Av. Professor López Piñero, 1 - ✆ 961 975 900 - www.lesarts.com - ♿ - visitas guiadas con reserva en línea - 12 € (posibilidad de visitas durante los ensayos).*

Este colosal edificio tiene la asombrosa altura de 75 m. Está diseñado como un conjunto de volúmenes empotrados, protegidos por una envolvente en forma de concha, originalmente cubierta con *trencadís* (🕐 *recuadro pág. 46*) blanco inmaculado. Tras una tormenta en el invierno de 2013-2014, parte de este revestimiento se derrumbó y todo el *trencadís* tuvo que retirarse. Ahora, restaurado, el edificio vuelve a deslumbrar como cuando se inauguró. Este gran centro de artes escénicas alberga varias salas y un auditorio donde se ofrecen representaciones teatrales y líricas, conciertos, óperas y espectáculos de danza.

Umbracle ★

www.cac.es/umbracle
Frente al Museo de las Ciencias, esta estructura arquitectónica de 320 m de largo, construida bajo la avenida Professor López Piñero, despliega sus blancos arcos parabólicos sobre un agradable jardín de palmeras, como una escultura contemporánea al aire libre. Desde este sombreado paseo se puede disfrutar de una magnífica **vista** de la ciudad.

Hemisfèric ★

Av. Professor López Piñero, 3 - ✆ 961 974 686 - www.cac.es/hemisferic - ♿ - todo el día a partir de las 10:00 h - 8,70 € (4-12 años 6,70 €).

Este edificio futurista en forma de ojo, símbolo de apertura al mundo, fue el primero en entregarse en 1998. Situado en el centro de una dársena de 24 000 m², alberga un **cine** IMAX y 3D, así como un **«laserium»** con un simulador astronómico para un espectáculo audiovisual en una pantalla de 900 m².

DÓNDE COMER			
Sol Azteca	⑤	Travieso Bar	㊽

DÓNDE COMER
Sol Azteca .... ⑤
RiFF .... ⑨
Grillo Grill Bar .... ⑮
Bar Tonyina .... ⑯
A Tu Gusto .... ㉒
Bar Cremaet .... ㉔
Contrapunto Les Arts ..... ㉖
Habitual .... ㉝
Submarino .... ㊻

Travieso Bar .... ㊽

DÓNDE BEBER
Dulce de Leche .... ㉑
Mercado de Colón .... ㉒

DE COMPRAS
Mundo al Revés (El) ...... ㉒
Mercado de Colón .... ㉓
Aqua .... ㊱
Corte Inglés (El) .... ㊲

SALIR POR LA NOCHE
Palau de la Música .... ⑪
Palau de les Arts .... ⑫
Umbracle Terraza .... ⑭
Bulería (La) .... ㉒

DÓNDE DORMIR
Hotel Dimar .... ①
SH Valencia Palace .... ⑰
Eurostars Acteón .... ⑱

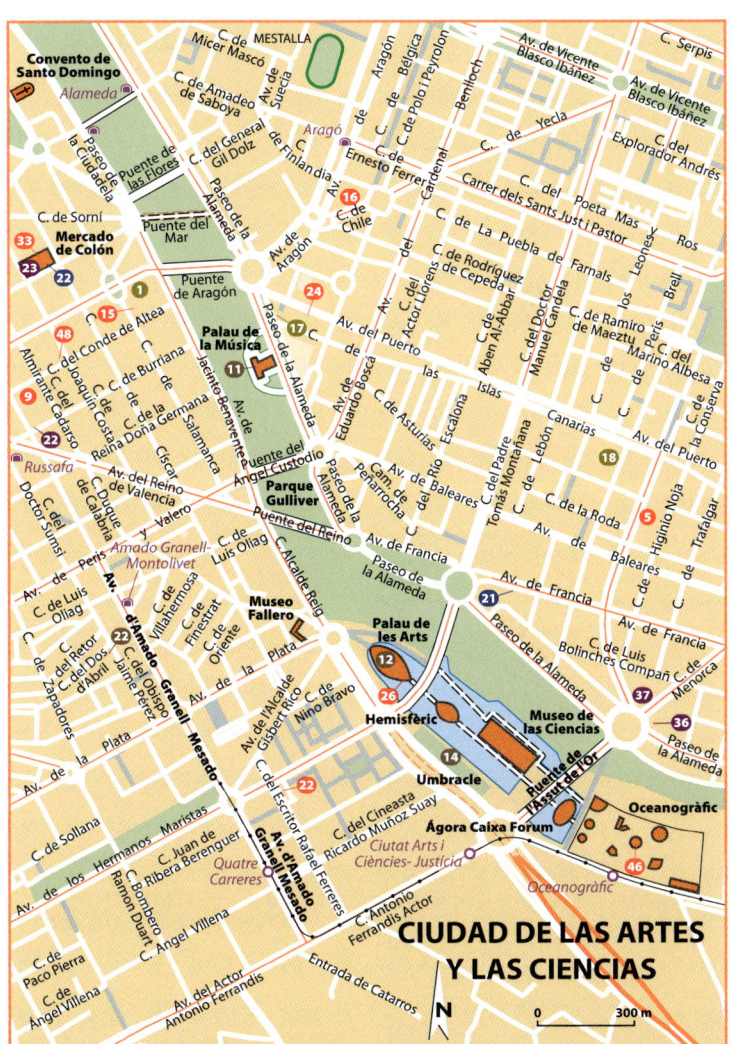

CIUDAD DE LAS ARTES
Y LAS CIENCIAS

Museo de las Ciencias Príncipe Felipe ★

Entrada frente al Hemisfèric - ☎ 961 974 686 - www.cac.es/va/museu-de-les-ciencies - ♿ - de 10:00 a 19:00 h (a 21:00 h en verano) - 9€ (4-12 años, 6,90€).

Detrás de un inmenso estanque triangular de agua turquesa se alza este edificio monumental, sede del museo interactivo más grande de Europa. Adopta un enfoque lúdico del mundo de la ciencia, despertando la curiosidad y el interés de los visitantes y fomentando la experimentación. Se abordan temas como la vida, el genoma humano, la investigación espacial, la astronomía, el deporte, la tecnología láser, el agua y la electricidad.

Puente de l'Assut de l'Or

Este gran puente colgante en forma de arpa blanca, que da acceso a la ronda sur de Valencia, es muy elegante, aunque controvertido por los problemas de vibraciones. Con un tablero de 180 m de longitud, esta obra de Calatrava alcanza los 120 m de altura, convirtiéndose en el edificio más alto de la ciudad.

Trencadís

Esta palabra catalana designa un trocito de cerámica, utilizado como técnica decorativa por los arquitectos modernistas, en particular, Gaudí. Él también apreciaba el arco parabólico, como en el Umbracle, que garantiza la resistencia al pandeo. Todos estos elementos atestiguan una cierta influencia del modernismo en Calatrava.

Ágora - CaixaForum ★

Carrer de Eduardo Primo Yúfera, 1A - www.cac.es/agora - de 10:00 a 20:00 h - 6€/exposición.

La futurista Ágora, situada también sobre un lago artificial, se asemeja a una inmensa concha de 80 m de altura, cubierta de *trencadís* de color azul intenso (♿ *recuadro de esta pág.*). Inaugurada con motivo del Open de Tenis de Valencia (2009), es la última obra de Santiago Calatrava en la ciudad. Concebida como una «plaza cubierta», puede albergar hasta 6000 espectadores y acoger conciertos y actos multitudinarios. La **Fundación CaixaForum**, dedicada a la divulgación cultural y científica, se trasladó aquí en 2022. Presenta en paralelo dos grandes exposiciones dirigidas al gran público y de unos 6 meses de duración.

Oceanogràfic ★★

Carrer de Eduardo Primo Yúfera, 1B - ☎ 960 470 647 - www.oceanografic.org - ♿ - de 10:00 a 18:00 / 20:00 / 00:00 h según temporada - 37,10€ (4-12 años 27,30€).

El mayor parque oceanográfico de Europa está formado por varios edificios y espacios subterráneos interconectados por jardines, pasarelas y túneles. Presenta la fauna marina de las principales zonas climáticas del planeta: el Mediterráneo *(visita guiada de 10 min)*, los climas tropicales y templados (hábitat de cocodrilos, tortugas y focas grises en el exterior); las zonas ártica (belugas y morsas), antártica (pingüinos) y oceánica (magnífico **túnel-acuario** con rayas y tiburones); los humedales, con

Paolo Certo/Shutterstock

Oceanogràfic de Valencia, el túnel-acuario.

una gran pajarera esférica habitada por ibis rojos y espátulas rosas. Una exposición de mariposas permite a los visitantes observar muchas especies en sus fases de desarrollo. ¡El espacio dedicado a las medusas es hipnótico! Todos los días, el **delfinario**, equipado con una pantalla gigante, presenta varios espectáculos *(15-20 min)*. El Oceanogràfic también cuenta con un **cine 4D** que proyecta cortometrajes sobre la naturaleza *(entrada 3 €)*.

🍴 El restaurante insólito

Si te apetece comer en el corazón del acuario, prueba un menú en el Submarino, en un entorno tan original como soberbio. 👣 *pág. 69.*

Museo Fallero

Pl. Monteolivete, 4 - 🕿 963 525 478 - www.fallas.com - ♿ - de ma. a sá. de 10:00 a 19:00 h, do. de 10:00 a 14:00 h - 2 € (7-12 años, 1 €).
Cerca de la Ciudad de las Artes y las Ciencias, este museo permite familiarizarse con las **Fallas** las grandes fiestas valencianas *(👣 pág. 115).* El grueso de las colecciones está formado por los **ninots** –los muñecos de cartón piedra destinados a ser quemados la noche del 19 de marzo– que escaparon de las llamas. Cada año, las figuras más logradas se someten a concurso, y una de ellas es elegida por votación popular para ser indultada. En el museo están todos los *ninots indultats* desde 1934.

Distrito Marítimo★

Hasta hace muy poco, Valencia parecía haber dado la espalda al Mediterráneo y a sus playas. La Copa América organizada en 2007, seguida de la construcción de una línea de metro y tranvía que une el centro de la ciudad con los Poblats Maritims, indicaron que los valencianos recuperaban su litoral. El puerto industrial se ha trasladado para dar paso a un puerto deportivo, las magníficas playas se han urbanizado y numerosos edificios modernistas y eclécticos han recuperado su esplendor. En resumen, Valencia se ha convertido en pocos años en una ciudad turística costera. Un chapuzón en el mar y kilómetros de arena fina a pocos minutos del centro de la ciudad han potenciado el atractivo para turistas nacionales y extranjeros.

▶ **Accesos:** solo 4 km separan el puerto deportivo y las playas del centro histórico. Desde el centro, toma la línea 5 de metro en la estación Ⓜ Xàtiva hasta Ⓜ Marítim, luego el tranvía hasta Reales Atarazanas y el puerto (líneas 6 y 8, parada Ⓜ Grau La Marina). Para ir a las playas, toma la línea de tranvía 6 (también en Marítim) hasta Dr. Lluch o Cabanyal. Otra opción: un corto paseo (25 min) desde Marítim te lleva a los sitios de interés. Por último, también puedes tomar el autobús 32 desde la plaza del Ayuntamiento hasta estas dos playas, o tomar el autobús turístico B.

Plano del barrio pág. 53. Fuera del mapa extraíble

▶ **Consejo:** Prevé medio día.
🛈 *Paseo Neptuno, 2 - abierto todo el año.*
⏱ *«Nuestras sugerencias» págs. 69, 74, 85 y 88.*

Marina de Valencia
(Marina Real Juan Carlos I)
Ⓜ *Neptú (línea 8) o autobús turístico B - www.lamarinadevalencia.com.*
En pocos años, el antiguo puerto comercial se ha transformado en una moderna marina dedicada a la náutica de recreo, gracias en parte a la construcción de un dique y a la apertura de un nuevo canal al mar. De su pasado industrial permanecen una grúa catalogada y la **Antigua Estación Marítima**, reconocible por su torre del reloj (**Edificio del Reloj**, 1914). Los **almacenes** *(tinglados)* adoptan un estilo modernista, marcado en particular por el uso de paneles de cerámica policromada. Los elementos decorativos, típicos del estilo de la Secesión, recuerdan la función de estos edificios: tritones y trofeos mecánicos, ruedas dentadas, brújulas... Con vistas al puerto deportivo y a la playa del Cabanyal-las Arenas, el **Marina Beach Club** *(www. marinabeachclub.com, ⏱ pág. 85)* tiene bar y restaurante *(abiertos todo el año)* una piscina elevada, una terraza con vistas al Mediterráneo

y tumbonas en la playa (de marzo a octubre).

Veles e Vents ★

En el extremo norte del puerto, a orillas del Nuevo Canal, se alza el **pabellón de la Copa América** diseñado por David Chipperfield Architects (2006). El edificio, llamado Veles e Vents en homenaje a los versos del poeta valenciano Ausiàs March, presenta una silueta ligera, superpuesta a cuatro grandes placas ensambladas de forma escalonada. Mirador frente al mar con acceso gratuito (de 10:00 a 13:30 h) en el 1.er piso y restaurantes gastronómicos (www.veleseventsvalencia.es).

Reales Atarazanas

Pl. Juan Antonio Belliure - Ⓜ Grau La Marina - sigue por la calle del Doctor Juan José Dòmine y gira a la derecha por la av. del Puerto, e inmediatamente después otra vez a la derecha hasta llegar a una plazoleta - 🕿 962 084 299 - ♿ - de ma. a sá. de 10:00 a 14:00 h y festivos de 10:00 a 14:00 - entrada gratuita, 1 o 2 € según exposición.

Construidos en el siglo xiv, cuando el comercio marítimo de Valencia estaba en pleno auge (sobre todo las exportaciones de seda y cerámica), estos edificios han sido renovados y ahora se utilizan como salas de exposiciones temporales. El principal atractivo de la visita es el propio edificio, que consta de cinco naves paralelas de ladrillo cubiertas por tejados a dos aguas sustentados por grandes arcos apuntados.

Museo del Arroz

Rosario, 1 y 3 (esquina calle F. Cubells) - Ⓜ Grau La Marina luego calle Francisco Cubells - 🕿 963 525 478 - www.museodelarrozdevalencia.com - de ma. a sá. de 10:00 a 14:00 h y de 15:00 a 19:00 h, do. y festivos de 10:00 a 14:00 h - 2 € (7-12 años, 1 €).

Ubicado en un **molino de arroz** que estuvo en funcionamiento hasta 1970 (El Molí de Serra), este museo presenta la historia del arroz y de la industria arrocera valenciana, haciendo especial hincapié en sus aspectos económicos y sociales. Un audiovisual introduce la visita, que continúa con un recorrido de

La Copa América

La Copa América tiene su origen en un desafío lanzado en 1851 por los británicos contra los estadounidenses alrededor de la Isla de Wight. Ese año la ganaron los estadounidenses, que retendrían la Copa hasta 1983. Las regatas se disputan en duelo, y las reglas las impone siempre el ganador de la Copa anterior, el defender. Ganada en 2003 por el equipo suizo Alinghi, el trofeo volvió a estar en juego en 2007. Como Suiza no tiene costa, se convocó un concurso para elegir la sede de la 32.ª America's Cup. Valencia se impuso a Barcelona y Marsella, y en pocos años inició una importante remodelación de su distrito portuario y de sus instalaciones. En 2010, la 33.ª America's Cup también se celebró en Valencia.

Slavko-Sereda/Getty Images Plus

La larga playa de la Malvarrosa.

tres plantas *(con ascensor)* por la impresionante maquinaria utilizada para transformar el arroz crudo (o «rojo») en alimento comestible.

Museo de la Semana Santa Marinera

Mismo edificio que el Museo del Arroz - 🖉 963 525 478 - www. semanasantamarinera.org - de ma. a sá. de 10:00 a 14:00 h y de 15:00 a 19:00 h; do. y festivos de 10:00 a 14:00 h - entrada gratuita.
En este museo se exponen estandartes, trajes, estatuas y, sobre todo, los **pasos** utilizados en las procesiones del distrito marítimo, los más espectaculares de la Semana Santa valenciana. Da una idea de la importancia de las celebraciones de Semana Santa en los antiguos pueblos marineros.

El paseo marítimo y las playas ★

♿ *Playas pág. 96.*
Desde el puerto y la plaza del Grau, hay que subir por la calle del Doctor Marcos Sopena (o en tranvía) hasta el **Paseo Neptuno**★ y llegar a las playas **del Cabanyal**, más conocidas como

las Arenas (o de Levante). El paseo marítimo está repleto de hoteles y multitud de restaurantes famosos por sus mariscos y paellas. En 2025, el **Museo del Mar** abrirá sus puertas en la emblemática Casa dels Bous de la calle de los Pescadores.

Más al norte se encuentra la larga y hermosa **Playa de la Malvarrosa** bordeada por el **Paseo Marítimo** un paseo popular entre los valencianos que buscan un poco de sombra al final del día. Una sucesión de restaurantes, bares y heladerías atraen a una clientela familiar a la hora de la sacrosanta horchata de chufa, acompañada de los *fartons* (♿ *recuadro pág. 122*) que encantan a los niños.

A lo largo de la **calle Isabel de Villena**, un poco más atrás, se conservan varias **villas**, algunas de las primeras décadas del siglo xx.

Casa-Museo Blasco Ibáñez

Isabel de Villena, 159 - 📞 962 082 586 - www.casamuseoblascoibanez.es - ♿ - de ma. a sá. de 10:00 a 14:00 h y de 15:00 a 19:00 h, do. y festivos de 10:00 a 14:00 h - 2 € (7-12 años, 1 €).
Al final de la playa de la Malvarrosa, la casa del escritor, periodista y político **Vicente Blasco Ibáñez** (1867-1928,

♿ *pág. 118*) contiene recuerdos (fotos, muebles, recortes de prensa), objetos personales y ediciones de sus novelas. Autor de obras que describen la vida cotidiana en la huerta valenciana *(La Barraca, Entre Naranjos)*, este pintoresco personaje se convirtió en un auténtico ídolo en su ciudad natal, alcanzando el éxito internacional con *Los cuatro jinetes del Apocalipsis* y su novela taurina *Sangre y arena*, que ha sido llevada al cine en varias ocasiones. Su casa es un interesante ejemplo de arquitectura costera burguesa de principios del siglo xx, con una llamativa logia neogriega con cariátides y una gran mesa de mármol.

Barrio del Cabanyal

Apartado del paseo marítimo, tómate tu tiempo para explorar este auténtico y accidentado barrio. El Cabanyal es un antiguo pueblo de pescadores famoso por sus casas modernistas, con sus coloridas fachadas cubiertas de cuadrados de cerámica. Antaño independiente, el barrio adquirió su aspecto actual, con sus casas de ladrillo, a finales del siglo xix. Las **calles del Doctor Lluch**, **del Progrés** y **de la Reina** son algunas de las más típicas.

DÓNDE COMER				SALIR POR LA NOCHE	
Bodega La Peseta	12	La Marítima		Vivir sin Dormir	15
La Sucursal	16	de Veles e Vents	60	Destino 56	17
Bodega Casa Montaña	24			El Toro y la Luna	21
La Pepica	25	**DÓNDE BEBER**		Marina Beach Club	25
La Sastrería	28	La Fábrica de Hielo	6		
Casa Carmela	37	Las Arenas	23	**DÓNDE DORMIR**	
Mercabanyal	38	Panorama	30	Hotel Neptuno	20

DISTRITO MARÍTIMO

0   300 m

N

Cam. de Vera

C. Músico Agustín Alamán Rodrigo

C. de Joan Genovés
C. de la Isla de Hierro
C. de Gran Canaria
C. de Vicente La Roda
C. de Antonio Ponz
C. de la Malvarrosa
Ingeniero Fausto Elío

Casa-Museo Blasco Ibáñez
37

Paseo
de Villena
de Isabel
Ballester Gozalvo
Marítimo

Senda de la Capelleta
Av. de los Naranjos
C. de S. Rafael
C. del Beato Juan Grande
C. de S. Juan de Dios
Av. de Cavite
C. de Cavite
José Ballester Gozalvo

Playa de la Malvarrosa

Tarongers-Ernest Lluch

Beteró

C. del Río Tajo

La Cadena

C. Remonta

C. de Campillo de Altobuey
C. de Luis Peixó
Cam. del Cabañal
C. del Conde de Alacuás
C. de les Drassanes
C. de los Ángeles Eximenis
C. de Tramoyeres
C. de la Reina Lluch

Platja Malva-rosa
6

Cabanyal
38
Eugenia
José Ballester Gozalvo

MAR MEDITERRÁNEO

53

Cam. del Cabañal
C. Serpis
Av. de Vicente Blasco Ibáñez
21
C. de Beniopa

C. del Alguer
C. Campoamor
C. del Poeta Mas y Ros
C. de Pedro de Valencia
C. de Manuela Estellés
C. de Juan Mercader
C. de Francisco Eximenis
C. de los Ángeles Escalante
C. de José Benlliure
C. del Doctor Lluch
C. de la Reina
C. de los Pescadores

Museo del Mar

Doctor Lluch

Platja Les Arenes

C. del Pintor Ferrer Calatayud
C. dels Sants Just i Pastor
C. de Justo Vilar
Serrería
Carrer del Progrés
C. del Rosario
EL CABANYAL

Canyamelar

Playa del Cabanyal - Las Arenas

C. de Montán
C. de Montanejos
C. de Eugenia Viñes
23

17
15
Paseo Neptuno

C. de José Aguilar
Marítimo
C. de María Cuber
24
28
Museo del Arroz-Museo de la Semana Santa Marinera

25
20

C. de los Hierros
C. de la Peaña
Francesc Cubells
Grau La Marina
Neptú
25
30

C. de Menorca
C. de Ibiza
del Lirio
C. de Méndez Núñez
Museo de las Drassanes
12
Pl. del Conde de Pestagua
Puerto

Edificio del Reloj

16 **Veles e Vents**
60

C. de Juan Verdeguer
Av. de Francia

Marina de Valencia

Parque Natural de la Albufera

A las afueras de Valencia, la Albufera, cuyo nombre árabe significa «pequeño mar», está protegida como parque natural. Separada del mar por una estrecha franja de dunas, la Dehesa del Saler, ha sido utilizada como arrozal y zona de pesca desde el siglo XIII. Estos paisajes de cañas, donde el agua es omnipresente, son un remanso de paz a pocos minutos del bullicio de la ciudad. ¡Un cambio de aires garantizado!

▶ **Acceso:** El Parque Natural de la Albufera se encuentra a unos 20 km al sur de Valencia por la CV 500 en dirección a El Palmar (unos 20 min de trayecto). El centro de interpretación se encuentra a la izquierda justo antes de la entrada al pueblo. Autobús: Autobús turístico de la Albufera (🚶 *abajo)* o líneas 24 o 25 desde Puerta de la Mar (1,50 € - salidas cada hora de 08:00 a 20:00 h, último regreso a las 22:00 h). También puedes llegar a El Palmar en bicicleta: carril bici en la mayor parte del trayecto.

▶ **Albufera Bus Turistic:** Pl. de la Reina, 8 - www.valenciabusturistic.com - 22 € (7-16 años 15 €) - salidas al atardecer desde la Ciudad de las Artes y las Ciencias: julio 20:04 h, 1-15 agosto 19:39 h, 16-31 agosto 19:19 h. Excursión de 2 horas en autobús que incluye un paseo en el *albuferenc* (40 min).

Plano en pág. 57. Fuera del mapa extraíble

▶ **Consejos:** Descubre el parque a bordo de un barco tradicional (*albuferenc)* y pasa allí un día o contempla la puesta de sol: ¡inolvidable! Mejor una visita entre semana, ya que el parque está menos concurrido que los fines de semana.

🔲 *www.albuferaparc.com*
🚶 *«Nuestras sugerencias» pág. 70.*

El Parque de la Albufera es una inmensa laguna de 21000 hectáreas, originalmente un golfo que se fue separando del mar por una barrera de arena, transformándose en lago. Desde la época árabe, sus habitantes han alternado la pesca con el cultivo del arroz. Aquí viven más de 250 especies de aves, entre ellas cigüeñas, garzas reales y patos reales.

El Saler

Conocida por su campo de golf, en el que se juegan prestigiosas competiciones internacionales, la localidad de **El Saler** («las salinas») cuenta con una **playa** de casi 5 km de arena en una zona de pinares. El pueblo unía antiguamente El Palmar y el barrio de Russafa. En la carretera de **El Palmar** te encontrarás con el

Barraca

Una «barraca» es una típica casa de la huerta valenciana utilizada como refugio por los campesinos. De planta rectangular (las casas de El Palmar tienen la parte trasera redondeada, conocida como «cul de mona», para reducir la resistencia al viento), presentan un tejado a dos aguas de pronunciada pendiente para protegerlas de las lluvias, a veces torrenciales. La puerta orientada al sur da a un pasillo que recorre todo el edificio y sirve de cocina, comedor y desván. Una escalera conduce al primer piso, que se utilizaba para criar gusanos de seda.

hábitat tradicional de la Albufera, formado por pequeñas casas de paredes de barro encaladas y tejados cubiertos de cañizo conocidas como **barracas** (*recuadro superior*). Aquí vivían pescadores de Valencia y Russafa, que se instalaron definitivamente en la segunda mitad del siglo XVIII.

El Palmar

Bordeando la laguna y los canales, el pueblo de El Palmar, que en su día fue una isla, conserva algunas casas tradicionales que se pueden visitar. También hay un embarcadero donde se puede dar un paseo en barca tradicional (**albuferenc**) por la laguna y los canales en un paisaje que recuerda a la Camarga. Además de paellas, en sus pequeños restaurantes se sirven anguilas, plato estrella de la gastronomía local, preparadas con *all*

i pebre o a la *espardenyà*. El Palmar también es famoso por sus fiestas, en especial la **Fiesta del Cristo de la Salud**, que se celebra a principios de agosto y culmina el 4 de agosto con una romería en barca por el lago.

Laguna de la Albufera

Este inmenso lago de agua dulce, con una profundidad media de 1 m, se comunica con el mar a través de tres canales conocidos como *golas*. El lago está bordeado por el **marjal** (un pantano de 14 000 ha), tierra que antaño estuvo sumergida y ahora está cubierta por arrozales. En la orilla norte, 40 ha de antiguos arrozales se han transformado en una reserva de biodiversidad, el Tancat de la Pipa, gracias a un sistema de vegetación filtrante. Alberga una rica variedad de aves e invertebrados acuáticos *(visitas a pie o en barco, con previa reserva en el ☎ 608 746 865 o en visitas@ tancatdelapipa.net).*

Centro de interpretación Racó de l'Olla

Ctra del Palmar - ☎ 963 868 050 - www.parquesnaturales.gva.es - todos los días de 09:00 a 14:00 h - cerrado 1 y 6 de enero, 19 de marzo - 🅿.

Este centro de interpretación ocupa el emplazamiento de un antiguo hipódromo. Hay senderos que bordean los humedales, y una torre de observación ofrece una hermosa vista del paisaje de la laguna. En las antiguas caballerizas, un **museo** presenta las características de este entorno natural protegido: fauna (decenas de especies de aves, migratorias y no migratorias), flora, agricultura y geología.

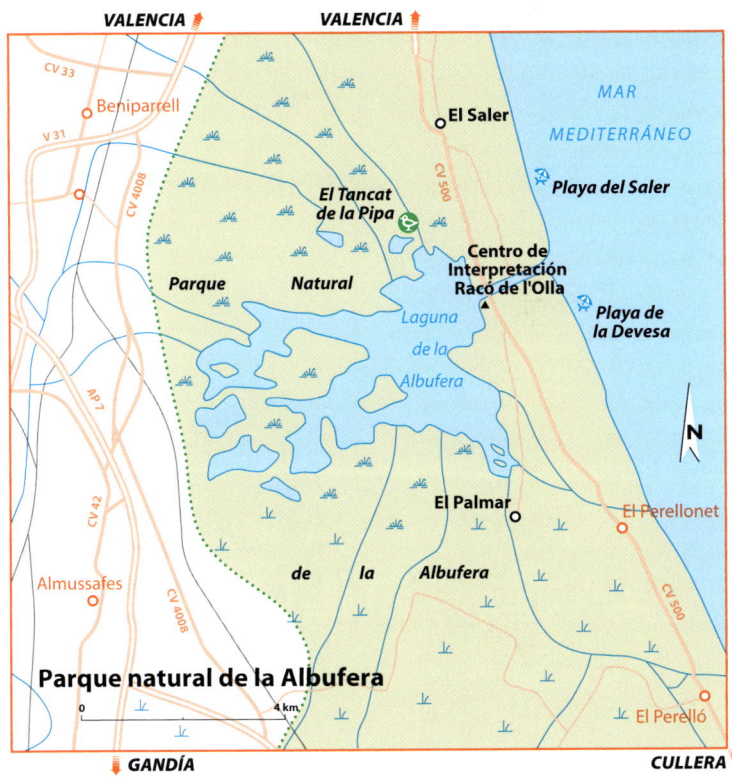

Cullera

Hacia el sur, se llega a la **localidad turística costera** de Cullera. Se encuentra flanqueada por torres, bloques de pisos y hoteles. Situada en la desembocadura del río **Júcar** y a los pies del Monte de Oro, es famosa por sus 10 km de hermosas playas. La bahía está delimitada al norte por el **faro** de Cullera.

La ciudad está dominada por las ruinas de un **castillo** del siglo XIII, construido a instancias de Jaime I el Conquistador (después de que el rey de Aragón reconquistara la ciudad a los árabes en 1240), desde el que hay unas vistas muy bonitas. También puedes perderte por las laberínticas calles del **barrio del Pozo,** antigua judería de la ciudad.

NUESTRAS SUGERENCIAS

En la plaza de la Virgen.
agaliza/Getty Images Plus

🍴 Dónde comer

Numerosos restaurantes se concentran en la **calle de Caballeros** y en las calles aledañas de **El Carmen**. También hay agradables terrazas en la **plaza de la Virgen** y la **plaza de la Reina** cerca de la catedral. El **barrio de Russafa** está repleto de restaurantes ecológicos. En el **distrito marítimo** a lo largo del Paseo Neptuno, los amantes de la paella estarán encantados.

♿ Localiza las direcciones en nuestros planos utilizando los puntos numerados (ej. ❶). Las **coordenadas en rojo** (ej. **C2**) se refieren al mapa extraíble (en el interior de la cubierta).

Alrededores de la catedral

Plano del barrio **págs. 18-19** y Mapa extraíble **DE3-4**

Menos de 20 €

❤ ❶ **Colmado LaLola** - **E3** - *Bordadores, 10* - ✆ *637 62 72 47* - *www.lalolarestaurante.com* - *de 12:00 a 23:00 h* - *tapas y raciones 7,50/23 €.* LaLola ha superado con éxito el reto de regentar un restaurante con buena relación calidad-precio a los pies de una gran atracción turística como la Torre del Miguelete. Utiliza los mejores productos locales y de temporada del Mercado Central para crear una carta sencilla y de calidad.

❸ **Tasca Ángel** - **D3** - *Purísima, 1* - ✆ *963 91 78 35* - *de 11:00 a 15:00 h y de 19:00 a 23:00 h, excepto sá. cenas, do. y lu.* - *tapas y raciones 3,50/9 €.* Fundada en 1946, esta pequeña tasca no lejos de la Lonja de la Seda se ha labrado una sólida reputación. Los amantes de las sardinas a la plancha simplemente aliñadas con ajo y perejil, acuden en masa al mostrador. Es la especialidad de la casa, pero también ofrece otras tapas. Excelentes vinos.

❹ **La Utielana** - **E4** - *Pl. Picadero de Dos Aguas, 3/San Andrés, 4* - ✆ *963 52 94 14* - *www.lautielana.es* - *de 13:30 a 16:00 h y de 20:30 a 22:30 h, excepto sá. cenas, do. y agosto* - *platos 15/25 €, platos del día 7/15,50 €.* Desde hace más de 60 años, los valencianos acuden en masa a este restaurante tradicional decorado con azulejos. ¿El secreto de su éxito? Las recetas de la abuela elaboradas con mimo por la propietaria. El cordero al horno, su especialidad, es todo un éxito. Cocido los jueves. Excelente relación calidad-precio, a un paso del palacio de Dos Aguas.

⑪ **Boatella Tapas** - **D4** - *Pl. Mercado 34* - ✆ *963 15 40 71* - *www.boatellatapas.es* - *de 08:00 a 23:00 h, excepto ma. y mi.* - *tapas y raciones 8,50/17 €.* Situado frente a la entrada principal del mercado central, este bar de tapas está siempre lleno. Calamares, gambas, croquetas, pescado frito, marisco, alcachofas frescas de temporada (¡divinas!)... todo ello acompañado de una cerveza fría o una sangría, y listo. Cocina sin florituras y ambiente popular. Terraza.

bortnikau/Getty Images Plus

En la terraza de Boatella Tapas.

❤️ 40 **Birlibirloque Bar** - **E4** - *Paz, 7* - ☎ *960 64 44 59* - *www.birlibirloque bar.es* - *de ma. a sá. de 13:00 a 01:00 h* - *menú de ma. a vi. mediodía 16,90 €, sá. 22,50 €.* Guillaume Glories, sumiller de formación, ha instalado su restaurante Entrevins en un edificio modernista del centro de la ciudad. En la planta baja, el Birlibirloque es una versión gastrobar del restaurante, que ofrece excelentes menús diarios recién preparados. Dos espacios, tapas creativas, un ambiente cosmopolita.

❤️ 47 **Ostras Pedrín** - **E4** - *Bonaire, 23* - ☎ *963 76 70 54* - *www.ostraspedrin. es* - *de 11:00 a 00:00 h, do. de 11:00 a 16:00 h* - *ostras 2,90/6,50 €, conservas 5,50/15,50 €.* Pequeño bar de ambiente moderno y relajado, donde podrás degustar una selección de ostras *gourmet*, salazones y conservas, regados con un buen vino de la tierra. El concepto es todo un éxito: reserva con antelación, sobre todo los fines de semana.

Más de 30 €

7 **La Riuà** - **E4** - *Mar, 27* - ☎ *963 91 45 71* - *www.lariua.com* - *de ma. a sá. de 14:00 a 16:30 h y de 21:00 a 23:00 h* - *se aconseja reservar* - *platos 16/23,50 €.* Se trata de una auténtica institución local, que cumple ahora treinta años. El comedor, de varios niveles, está decorado con azulejos. Se puede degustar una sabrosa cocina de mercado o elegir entre una veintena de arroces. En temporada, prueba el *all i pebre* de anguila, ¡es un imprescindible!

RossHelen/Getty Images Plus

❤️ **36 Central Bar by Ricard Camarena** - **D4** - *Mercado Central - cerca de la puerta n° 3 - 📞 963 82 92 23 - www.centralbar.es - de 09:00 a 15:00 h (excepto do.) - 18/25 €.* El bar de tapas del mercado está lleno todos los días. Un flujo constante de clientes habituales se agolpa en el mostrador. Productos frescos, por supuesto, para las sabrosas y creativas tapas del famoso chef valenciano de dos estrellas.

Más de 30 €

8 El Ocho y Medio - **D4** - *Pl. Lope de Vega, 5 - 📞 963 92 20 22 - www.elochoymedio.com - de 10:00 a 00:30 h (a 01:00 h sá.) - platos 16,40/24,50 €.* Con vistas a una agradable plaza peatonal entre el mercado central y la iglesia de Santa Catalina, este elegante restaurante presume de una refinada decoración con paredes de piedra vista y mobiliario moderno. El servicio es impecable y la cocina, elaborada, revisita con delicadeza los clásicos.

10 Sagardi - **E4** - *San Vicente Mártir, 6 - 📞 963 91 06 68 - www.gruposagardi.com - de 12:00 a 00:00 h (a 00:30 h vi. y sá.) - platos 15,50/31 €.* Establecimiento de especialidades vascas que atrae a gourmets de toda la ciudad. *Pintxos* cada uno más apetitoso que el anterior (más de 50 variedades) en la planta baja, y comida de calidad en el piso de arriba, donde te recibirán con un vaso de sidra sacado del tonel según la ceremonia habitual. Prueba los pimientos de piquillo al estilo de Tolosa o la especialidad de la casa: el chuletón de vaca vieja, ¡una auténtica delicia!

13 Taberna Jamón Jamón - **D3** - *Bolsería, 36 - 📞 656 66 64 43 - www.jamonjamonrestaurante.com - de 19:30 a 24:00 h, excepto mi. - platos 15,50€/36€, menú degustación 45€.* Carta: cocina local refinada y apetitosa servida en un ambiente íntimo (solo 14 mesas) y relajante. Servicio atento.

14 Taberna La Sénia - **D3** - *Cenia, 2 - 📞 611 49 76 77 - www.tabernalasenia.es - lu. y ma. de 18:00 a 24:00 h, ju. de 12:00 a 17:00 h y de 18:00 a 24:00 h, y de vi. a do. de 12:00 a 24:00 h - platos 18/25 €.* Esta taberna cuenta con una agradable terraza y un pequeño salón rústico, donde podrás degustar tapas y raciones de inspiración mediterránea preparadas al momento. Excelente relación calidad-precio.

35 La Salvaora - **D3** - *Calatrava, 19 - 📞 963 92 14 84 - www.lasalvaora.com - de* *lu. a vi. de 19:30 a 23:00 h, sá. y do. de 13:00 a 15:00 h y de 19:30 a 23:00 h - platos 18/24 €.* Buena cocina tradicional española. Las fotos en blanco y negro de las paredes te transportan a otra época.

Barrio del Carmen

Plano del barrio págs. 18-19 y mapa extraíble DE2

Menos de 20 €

12 La Tastaolletes - **D2** - *Salvador Giner, 6 - ✆ 963 92 18 62 - www.latastaolletes.es - do. y ma. de 10:00 a 17:00 h de mi. a sá. de 10:00 a 16:00 h y de 19:30 a 23:30 h - platos por debajo de 15 €.* Se trata de un restaurante vegetariano con una política de kilómetro cero: los productos son de temporada y proceden, en su mayoría, de la huerta vecina. *Buddha bowls, wraps,* rollitos de primavera, pero también tapas y postres, para llenarte de vitaminas.

29 La Lluna - **D2** - *San Ramón, 23 - ✆ 963 92 21 46 - de 09:00 a 16:00 h y de 20:00 a 23:00 h, excepto do. - platos en torno a 10 €, menú mediodía 9,50 €.* Inaugurado en 1980, este restaurante pionero, situado cerca del IVAM, sirve cocina vegetariana, especializada en arroz con pisto. Valorando sus precios ajustados, una clientela joven llena el restaurante los fines de semana.

30 La Pitusa - **D2** - *Padre Huérfanos, 4 - ✆ 963 91 12 19 - www.lapitusarestaurante.es - de 11:30 a 23:30 h, excepto do. - platos 9/19,50 €.* Aquí te sentirás como en casa. El menú del día *(12,50 €)*, basado en productos de mercado, ofrece una buena relación calidad-precio.

De 20 a 30 €

34 María Mandiles - **D2** - *Padre Huérfanos, 2 - ✆ 963 15 48 84 - www.mariamandiles.es - de 09:00 a 23:00 h - menús 20/27 €.* Tiene un toque de *Les Triplettes de Belleville,* la película que inspiró al diseñador y gerente del restaurante, con sus delantales de camareras y su carta de patchwork... Cocina de mercado y postres caseros.

39 La Cigrona - **E2** - *Serranos, 22 - ✆ 963 15 37 52 - www.lacigrona.com - de 13:30 a 16:00 h y de 20:30 a 23:00 h, excepto lu.; ma. y do. cenas - platos 12,50/22 €.* En una de las calles más animadas del barrio, este restaurante sirve cocina de mercado basada en productos de la huerta y del mar. A las recetas tradicionales (arroces, carnes, pescados y mariscos) se añaden toques de inventiva que realzan los sabores de los platos. Todo un éxito.

49 Refugio Restaurante - **D2** - *Alta, 42 - ✆ 690 61 70 18 - www.refugiorestaurante.com - de ma. a ju. de 20:30 a 22:30 h, vi. y sá. de 14:00 a 16:00 h y de 20:30 a 00:00 h - platos 12,50/18 €.* Este «refugio» (en referencia al refugio de la Guerra Civil que hay justo enfrente) ofrece cocina creativa de fusión en un pequeño espacio propicio para la conversación. Un espíritu alternativo flota en este local decorado con carteles revolucionarios...

53 Blanqueries - **D2** - *Blanqueries, 12 - ✆ 963 91 22 39 - www.restauranteblanqueries.com - de ma. a sá. de 13:30 a 15:30 h y de 20:30 a 23:30 h - platos 15/22 €.* Un restaurante *chic* de ambiente cosmopolita, situado junto a las torres de Serranos. Cocina de mercado con toques creativos.

63

Alrededores del Ayuntamiento

Mapa extraíble DE4-5

Menos de 20 €

27 **El Encuentro** - **D4** - *San Vicente Mártir, 28 - ☎ 963 94 36 12 - www. restauranteelencuentro.es - de 13:30 a 17:00 h y de 20:30 a 00:00 h, excepto do. - platos 10/19 €.* La cocina tradicional española está a la orden del día en este acogedor restaurante con aires de antaño. Las recetas clásicas (croquetas, albóndigas, bacalao con tomate) se preparan con esmero y se sirven con una sonrisa. Excelente selección de vinos de la tierra.

32 **Federal** - **E4** - *Embajador Vich, 15 - ☎ 960 61 75 96 - www.federalcafe.es - de 09:00 a 20:00 h, vi. y sá. de 09:00 a 21:00 h - unos 15 €.* En este espacio amplio, luminoso y acogedor, la clientela de moda disfruta de tostadas con aguacate y huevos benedictinos, acompañados de zumos de frutas. Un lugar de moda.

42 **Casa Capicúa** - **CD5** - *Jesús 14 - ☎ 611 62 24 23 - www.casacapicua. es - de lu. a vi. de 08:30 a 16:30 h, sá. de 09:30 a 16:00 h - menú 13,95 €.* Las hermanas gemelas Laura y Marta Benito te dan la bienvenida a su pequeña cantina, relajada y moderna, muy popular entre los lugareños de todas las edades. El ambiente, diseñado por decoradores locales, es un homenaje de diseño al Mediterráneo, al igual que el menú diario actualiza con garbo la cocina de la abuela. Por la mañana, una especialidad de café y, a lo largo del día, ensaladas, bocadillos y dulces

(incluida la famosa coca de pisco) para matar el gusanillo.

De 20 a 30 €

18 **Palacio de la Bellota** - **E5** - *Mossén Femades, 7 - ☎ 963 51 49 94 - www. palaciodelabellota.com - de ma. a sá. de 13:00 a 00:00 h, do. de 13:00 a 17:00 h - platos 15/24 €.* Situado entre la plaza del Ayuntamiento y la calle Colón, en un barrio muy animado, este restaurante presume de ser la «catedral del jamón». Aquí podrás probar el famoso jamón de bellota, aunque el restaurante también sirve paellas gigantes. Cocina tradicional y clientela internacional.

20 **Marisquería Civera** - **E5** - *Mossén Femades, 10 - ☎ 963 52 97 64 - www. marisqueriascivera.com - todos los días de 13:00 a 16:00 h y de 20:00 a 23:00 h - platos 15/28 €.* El gran especialista valenciano en pescados y mariscos; en determinadas temporadas incluso se pueden degustar ostras de la zona. Preciosa sala con grandes acuarios.

De 30 a 50 €

17 **Vuelve Carolina** - **E5** - *Correos, 8 - ☎ 963 21 86 88 - www.vuelvecarolina. com - de lu. a ju. de 13:30 a 17:00 h y de 20:30 a 00:00 h, vi. y sá. de 13:30 a 17:30 h y de 20:30 a 00:30 h - menús 29/37 €, platos 21/34 €.* Inspirado en todas las cocinas del mundo, este restaurante ofrece tapas creativas de gran calidad servidas en el bar o en el elegante comedor. Un buen lugar, atendido por un chef al que le encanta viajar.

19 **Orio** - **D4** - *San Vicente Mártir, 23 - ☎ 963 51 19 92 - www. oriogastronomiavasca.com - de do. a ju. de 12:00 a 00:00 h, vi. y sá. de 12:00* *a 00:30 h - platos 18,50/24 €.* Lo mejor de este lugar es su taberna, donde sus deliciosos *pintxos* (que puedes acompañar con un vaso de sidra) dan fe de la riqueza de la gastronomía vasca. El restaurante (dos salas), por su parte, ofrece platos típicos, centrados sobre todo en el marisco.

45 Manāw - Nikkei Bar - E4 *- San Andrés, 4 -* 📞 *960 69 16 32 - www. manaw.es - de 13:30 a 16:00 h y de 20:00 a 23:30 h excepto do. - platos 20/29,50 €.* Un lugar sobrio y elegante donde disfrutar de una cocina llena de delicadeza que combina sabores japoneses y peruanos, así como de Tailandia y Malasia: *ceviche, nigiri* y *gyozas, sashimi, tiradito* y otros *currys*. Una auténtica delicia.

Más de 70 €

31 Karak - D4 *- Músico Peydró, 9 -* 📞 *963 15 45 88 - www.restaurante karak. com - de mi. a vi. de 20:30 a 00:30 h, sá. de 14:00 a 18:00 h y de 20:30 a 00:30 h, do. de 14:00 a 18:00 h - menús degustación 80/115 €.* Karak ofrece una delicada fusión de cocina mediterránea y del mundo en un ambiente moderno, lo que lo convierte en una parada ideal entre la Plaza del Ayuntamiento y el Mercado Central.

El Ensanche

La **calle del Conde de Altea** está repleta de restaurantes.

Menos de 20 €

48 Travieso Bar - F6 *- Joaquín Costa, 12 -* 📞 *686 35 41 45 - www. traviesobar.com - de ma. a sá. de 18:00 a 00:00 h - tapas y platos 6/17,50 €.* Como su nombre indica, este joven

establecimiento, en parte vinoteca y en parte bar de tapas, destaca por su espíritu lúdico. Mientras que la carta de vinos está repleta de caldos insólitos (la mayoría nacionales), la de platos es deliberadamente corta, lo que se compensa con la picardía y sabrosura de los bocados que la componen (es famoso el sándwich de pastrami). Todo ello, en una decoración de diseño pero sin pasarse.

De 30 a 50 €

❤️ **15 Grillo Grill Bar - G5** *- Salamanca 7 -* 📞 *627 77 55 91 - www.facebook. com/grillogrillbar - de ju. a lu. de 13:30 a 15:30 h y de 20:00 a 23:30 h - platos 18/23 €.* La modesta entrada, flanqueada por un par de mesas en la terraza, puede no parecer gran cosa, pero los cortes de carne y las verduras de mercado que se preparan aquí dicen lo contrario: todo se cocina al carbón y se presenta con esmero. Acogida amable y sabores sencillos. El secreto carnívoro mejor guardado de la ciudad (con opciones vegetarianas también).

33 Habitual - F5 *- Jorge Juan, 19 -* 📞 *963 44 56 31 - www.habitual.es - de 13:30 a 17:00 h y de 20:00 a 23:00 h, do. solo comidas - platos 24/32 €.* En el Mercado de Colón, todos los sabores del Mediterráneo se dan cita en recetas que combinan tradición y creatividad. Pescados y verduras de la huerta son los ingredientes estrella de este restaurante dirigido por el famoso chef Ricard Camarena. A la entrada, el Bar X ofrece tapas.

Más de 70 €

9 RiFF - F6 *- Conde de Altea, 18 -* 📞 *933 33 53 53 - www.restaurante-riff.com*

65

- de ma. a sá. de 13:30 a 15:00 h y de 20:00 a 21:30 h - aconsejable reservar - menús 98,80/128,80 €. Bernd H. Knöller promete un viaje culinario memorable. Es la oportunidad de descubrir la cocina tradicional valenciana a través de los ojos de un chef que cada mañana hace una parada en el Mercado Central. Una estrella en la Guía Michelin 2024.

Barrio de Russafa

Mapa extraíble EF7-8

Menos de 20 €

6 Bluebell Coffee Roasters - **E7** - *Buenos Aires, 3 - ☎ 678 36 16 15 - www. bluebellcoffeeco.com - de 09:00 a 16:00 h - menos de 15 €.* Este local de moda es famoso por sus excelentes especialidades de café. Situado en el patio con una hermosa palmera, deléitate con el *brunch* (servido todos los días de la semana) o, al mediodía, con la cocina saludable (tortitas de col rizada y salmón ahumado y hamburguesa vegetariana).

52 La Cooperativa del Mar - **E8** *- Calle del Literato Azorín, 18 - ☎ 963 22 44 42 - www.facebook.com/ lacooperativadelmar - de 19:00 a 00:00 h, sá. y do. de 12:30 a 16:00 y de 19:00 a 00:00 h - menos de 15 €.* Una decoración anticuada con un toque moderno, conservas de pescado y marisco alineadas tras la bonita barra, un ambiente marinero y popular en pleno centro de Russafa. El dueño te ayudará a elegir entre decenas de marcas. Un buen pan y una cerveza fría lo acompañan todo. También disponible para llevar.

De 20 a 30 €

2 Mercado de la Imprenta *- **C7** - Mascota, 17 - www. mercadodelaimprenta.com - todos los días de 10:00 a 00:00 h.* Este edificio de 1908, antaño una imprenta, se ha transformado en un mercado gastronómico. Nada menos que 21 puestos ofrecen especialidades locales e internacionales en un ambiente a la vez relajado y sofisticado.

41 Copenhague - **E7** - *Literato Azorín, 8 - ☎ 963 28 99 28 - www. restaurantecopenhagen.es - de ma. a sá. de 13:30 a 16:00 h y de 20:00 a 23:00 h, do. de 13:30 a 16:00 h - platos 11,50/14 €.* Siéntate en la barra o en el comedor para disfrutar de cocina vegetariana creativa en un ambiente refinado. Otra dirección en el barrio de la catedral es Restaurante Oslo (Catalans, 8).

44 Doña Petrona - **E7** - *Pare Perera, 5 - ☎ 963 364 983 - www. doñapetrona.es - de ma. a ju. de 12:00 a 00:00 h, vi. a 01:00 h, sá. de 10:00 a 01:00 h, do. de 10:00 a 18:00 h - platos 14/18 €.* Este restaurante argentino combina sabores de ambos lados del Atlántico. Su terraza, a la sombra de las palmeras y la iglesia, es una de las más agradables de la zona, y el servicio, siempre amable.

Más de 30 €

43 Canalla Bistro - **F7** - *Maestro José Serrano, 5 - ☎ 963 74 05 09 - www. canallabistro.com - todos los días de 13:30 a 17:00 h y de 20:00 a 23:00 h - platos 17/20,50 €.* Este es uno de los cinco restaurantes que dirige Ricard Camarena, el famoso chef valenciano. Destaca por la original decoración, el ambiente y el menú.

Jardines del Turia

Plano del barrio pág. 45 y mapa extraíble F3

Menos de 20 €

㉑ Kiosko La Pérgola - F3 - *Paseo de la Alameda, 1 - ☏ 963 69 90 79 - invierno de lu. a vi. de 08:00 a 16:30 h, sá. de 08:30 a 16:00 h; verano de lu. a sá. de 08:00 a 16:30 h y de 19:00 a 23:00 h - unos 10 €.* Una buena selección de bocadillos de todo tipo (con setas, carne o queso, etc.) hacen de este quiosco y su terraza bajo los árboles de los jardines del Turia uno de los lugares más populares de la ciudad para la pausa matinal del *esmorzaret* (almuerzo) valenciano.

㉔ Bar Cremaet - H5 - *Av. del Puerto, 20 - ☏ 960 83 52 21 - www.barcremaet.com - de 09:30 a 00:30 h - menos de 20 €.* Inaugurado en 2021, ya es un referente para los aficionados al *esmorzaret* valenciano especialmente los fines de semana. Tapas y raciones que van de lo clásico a lo creativo, hacen un recorrido por los sabores de la huerta y del mar. Una comida rematada con un *cremaet,* café con ron añejo y especias.

De 20 a 30 €

⑯ Bar Tonyina - H5 - *Chile, 3 - ☏ 963 25 91 71 - www.bartonyina.es - de lu. a vi. de 09:30 a 16:00 h y de 20:30 a 23:00 h, sá. de 13:30 a 16:00 h y de 20:30 a 23:00 h - platos 20/35 €, menú 18,90 € (excepto sá.).* Aquí, el atún se presenta en todas sus formas y salsas, crudo, cocido, marinado o estofado... Además de la especialidad de la casa, también encontrará gambas y marisco, ternera Angus y setas shitake. La calidad de los productos bien merece desviarse a la orilla izquierda del Turia.

Ciudad de las Artes y las Ciencias

Plano del barrio pág. 45 y mapa extraíble H5-8

En la propia Ciudad, puedes elegir entre el Terraza Bar con vistas al Umbracle, las cafeterías del Hemisfèric, del Ágora y del museo de las Ciencias, o los dos restaurantes del Oceanogràfic. A unos cientos de metros, detrás del Museo Fallero o en la orilla izquierda, al final del puente Assut de l'Or, se pueden encontrar cafeterías más populares.

Menos de 20 €

⑤ Sol Azteca - *Pintor Maella, 17 - ☏ 960 88 90 96 - www.restaurantesolazteca.com - de 13:00 a 16:30 h y de 20:00 a 23:45 h, excepto do. cenas y lu. - menos de 15 €.* Valencia le debe esta taquería a Gabriela, mexicana y excelente cocinera: quesadillas, tacos, nachos, enchiladas y tamales ¡como si estuvieras allí! Agradable ambiente y amable bienvenida.

De 20 a 30 €

㉒ A Tu Gusto - *Marqués de Lozoya, 4 - ☏ 963 22 70 26 - www.atugusto.com - de ma. a vi. y do. de 09:00 a 17:00 h, vi. y sá. de 09:00 a 17:00 h y de 20:30 a 22:00 h - platos 10,50/17€.* Pequeña cafetería de barrio, sencilla y nada turística, con platos caseros y contundentes. Tapas variadas, arroces y fideuá. Cocina popular.

De 30 a 50 €

㉖ Contrapunto Les Arts - H8 - *Av. Profesor López Piñero, 1 - ☏ 675 36*

54 74 - www.restaurantecontrapunto
lesarts.com - de mi. a sá. de 12:00
a 00:00 h, do. de 12:00 a 18:00 h -
platos 23/35 €. A los pies del Palais
des Arts, es una parada ideal cuando
se visita el distrito del diseño. Líneas
contemporáneas y platos variados y
bien presentados. Terraza frente al lago.

46 Submarino - *Parque
Oceanogràfic* - ☎ 662 860 595 - www.
restaurantesubmarino.es - *todos los
días de 13:00 a 16:00 h y de 21:00
a 23:30 h - menús 44/49/53/68 €.*
Diseñado por Félix Candela, el edificio
está perfectamente integrado en el
lugar. El restaurante está en el sótano,
donde una escalera se ilumina con
una gigantesca lámpara de araña
que se asemeja a una medusa. El
acuario rodea la sala: una experiencia
extraordinaria, donde se puede comer
rodeado de una extraordinaria fauna
acuática.

Distrito marítimo

Plano del barrio pág. 53

A lo largo del Paseo Marítimo de la
Playa de la Malvarrosa se suceden
pequeños edificios idénticos que
albergan chiringuitos y restaurantes. El
Paseo Neptuno, frente a la Playa de las
Arenas, está repleto de restaurantes.

Menos de 20 €

❤ **12 Bodega La Peseta** - *Santísimo
Cristo del Grao, 16* - ☎ 637 86 05 28 -
www.facebook.com/bodegalapeseta.
elgraovalencia - *de lu. a ju. de 12:00 a
00:00 h, sá. y do. de 10:00 a 00:00 h
- tapas 5,50/9 €.* Imprescindible en las
callejuelas del antiguo barrio marítimo,
justo al lado del mercado, La Peseta
atrae a una clientela alternativa que

aprecia su decoración informal y sus
pequeños platos para compartir. Los
fines de semana, los habituales incluso
salen a la acera, cerveza en mano, en
un ambiente alegre.

38 Mercabanyal - *Eugènia Viñes,
225* - www.mercabanyal.com - *mi. y ju.
de 17:00 a 00:00 h, vi. y sá. de 12:00 a
01:00 h, do. de 12:00 a 00:00 h - menos
de 20 €.* En el corazón del Cabanyal,
a tiro de piedra de la playa, este *food
court* de 1200 m² cuenta con seis
zonas, cada una dedicada a un tipo de
cocina (hamburgueserías, pizzerías,
platos tradicionales, heladerías y
pastelerías...), con terrazas en la parte
superior. Es un lugar acogedor y de
moda, con una clientela variada.

De 20 a 30 €

24 Bodega Casa Montaña - *José
Benlliure, 69 (av. del Puerto)* - ☎ 963 67
23 14 - www.emilianobodega.com - *de
13:00 a 16:00 h y de 19:30 a 23:30 h,
excepto do. cenas - platos 11,50/25 €.*
Esta taberna centenaria, decorada con
barricas, ofrece una amplia selección de
tapas y cuenta con una bodega de vinos
españoles casi completa. Emiliano y su
hijo Alejandro dirigen el restaurante,
donde se reúnen los clientes habituales,
con sencillez y cordialidad. Aquí podrás
disfrutar de las mejores patatas al alioli
de Valencia.

60 La Marítima de Veles e Vents
- *Muelle de la Aduana* - ☎ 610 91 51
41 - www.veleseventsvalencia.es - *de
lu. a mi. de 12:00 a 16:00 h, ju. de
08:00 a 00:00 h, de vi. a do. de 12:00
a 16:00 h y de 20:00 a 00:00 h - platos
17/35 €, menús 24/35 €.* El ambiente
aquí es marinero, con un comedor
amplio, luminoso y contemporáneo.

Pasea por la exposición de pescados y mariscos antes de tomar asiento y admirar el ir y venir de los veleros. Cocina refinada y servicio impecable.

De 30 a 50 €

25 **La Pepica** - *Paseo Neptuno, 6 - ☎ 963 71 03 66 - www.lapepica.com - todos los días de 13:00 a 16:00 h y de 19:30 a 23:00 h - platos 16,50/20,50 €.* Un histórico restaurante de playa, especialista en paellas, el restaurante se enorgullece de haber acogido a Don Ernesto (Hemingway). Ambiente popular y auténticamente valenciano.

28 **La Sastrería** - *José Benlliure 42-44 - Cabanyal - ☎ 960 83 52 25 - www.lasastreriavalencia.com - de ju. a do. de 13:00 a 17:00 h y de 19:30 a 00:30 h, de lu. a mi. solo cenas - platos 18,50/40 €.* Este restaurante, dedicado a los «gastroadictos», tiene una bonita decoración marinera contemporánea con azulejos. Una carta elaborada y original, servida con productos locales de calidad (pescados, mariscos, carnes maduradas) y una cuidada presentación. Un buen sitio.

37 **Casa Carmela** - *Isabel de Villena, 155 - ☎ 963 71 00 73 - www.casa-carmela.com - todos los días de 13:00 a 16:00 h - platos 18,50/27 €.* Este excelente restaurante, regentado por cuatro generaciones desde 1922, sirve deliciosas paellas cocinadas al fuego de leña. Las paredes están cubiertas con cerámica de Manises. Tiene una agradable terraza.

Más de 70 €

16 **La Sucursal** - *Muelle de la Aduana - ☎ 963 74 66 65 - www.facebook.com/ grupoLaSucursal - de mi. a sá. de 13:30 a 15:30 h y de 20:30 a 22:30 h - menús 65/85 €.* En la última planta del edificio Veles et Vents, un restaurante de diseño con decoración minimalista que es una de las mejores direcciones gastronómicas de Valencia. Cocina de autor.

Parque Natural de la Albufera

Plano pág. 57

En el pueblo de El Palmar abundan los restaurantes, muchos de ellos especializados en arroces y paellas.

De 20 a 30 €

Bon Aire - *Caudete, 41 - El Palmar - ☎ 961 62 03 10 - www.restaurante bonaire.com - todos los días de 13:30 a 15:30 h - platos 12/26 €.* Se trata de un lugar de confianza en El Palmar, como demuestran los premios que el chef ha ganado por sus paellas. Aunque la receta valenciana es la especialidad de la casa, hay muchas variaciones en la carta: anguila, tinta de calamar, pato y boletus, etc. Un menú abundante, servido para toda la mesa.

Más de 30 €

Arrocería Maribel - *Francisco Monleón, 5 - El Palmar - ☎ 961 62 00 60 - www.arroceriamaribel.com - de 10:30 a 17:30 h, excepto mi. - platos 17/28 €.* Restaurante que rinde homenaje a los sabores regionales y valencianos, elaborados en gran parte con productos de la tierra. Los platos van de lo tradicional (paellas y arroces) a lo más creativo (tartar de anguila, croqueta de jamón y salsa de trufa), con algunas opciones veganas. Amplia terraza casi sobre el canal.

🥤 Dónde beber

Tanto si buscas una bebida refrescante como un aperitivo, Valencia, como cualquier otra ciudad española, tiene mucho que ofrecer, sobre todo en verano, cuando puede hacer mucho calor.

En varios puntos de la ciudad, pequeñas caravanas de *Món Orxata* recorren las calles, sirviendo una helada horchata de chufa (♿ *recuadro pág. 122*).

♿ **Localiza las direcciones en nuestros planos utilizando los puntos numerados (ej. ❶). Las** coordenadas en rojo **(ej.** C2**) se refieren al mapa extraíble (en el interior de la cubierta).**

Alrededores de la catedral

Plano del barrio **págs. 18-19**

Además de las bonitas terrazas de la agradable y animada **plaza de la Reina**, frente a la catedral, hay innumerables cafés y bares enclavados en las callejuelas y plazas adyacentes, sobre todo en torno a la **plaza Redonda**. Y no olvides detenerte en la **plaza de la Virgen**, corazón histórico de la ciudad. En el límite con el Barrio del Carmen, la **calle de Caballeros/carrer dels Cavallers** y las calles adyacentes son el epicentro de la vida nocturna en el corazón histórico.

♥ **Horchatería Santa Catalina** - **E4** - *Pl. Santa Catalina, 6 - ☏ 963 91 23 79 - www.horchateriasantacatalina. com - todos los días de 08:15 a 21:30 h.* Aquí podrás tomar una de las mejores horchatas de Valencia, según muchos expertos. Las paredes están adornadas con cerámica de Manises.

❹ **Cappuccino** - **E4** - *Pl. de la Reina - ☏ 963 15 21 43 - www. grupocappuccino.com - todos los días de 09:00 a 00:00 h.* También es un buen lugar para desayunar cuando hace buen tiempo.

❾ **Café Negrito** - **D3** - *Pl. del Negrito - ☏ 665 13 05 28 - de lu. a vi. de 16:00 a 03:30 h, sá. y do. de 12:00 a 03:30 h.* Un café de artistas situado en una pequeña plaza peatonal. Una de las mejores Aguas de Valencia de la zona.

Horchatería Santa Catalina.

⑩ Ghecko - **D3** - *Pl. del Negrito, 2 -* 📞 *963 91 07 79 - de lu. a mi. de 18:00 a 03:00 h, ju. de 17:30 a 03:00 h, de vi. a do. de 16:30 a 03:00 h.* Justo enfrente del Café Negrito, pero con un ambiente totalmente diferente, este bar está completamente cubierto de conchas. Un buen sitio para tomar una copa.

⑪ La Cava del Negret - **D3** - *Calatrava, 15 -* 📞 *963 92 33 01 - www. lacavadelnegret.com - de 17:00 a 01:30 h, sá. y do. de 12:00 a 01:30 h.* Con su agradable terraza y su elegante interior, esta institución está especializada en cava y Agua de Valencia.

⑬ Bar Los Picapiedra - **D3** - *Caballeros, 25 -* 📞 *622 73 39 17 - de 19:00 a 01:30 h, excepto lu. y ma.* Leyenda de la noche valenciana y de la escena alternativa, este bar se distribuye en tres plantas y acoge desde hace unos veinte años a una clientela cosmopolita y variada. Buen ambiente e interesante selección musical.

⑭ Café de las Horas - **E3** - *Conde de Almodóvar, 1 -* 📞 *963 91 73 36 - www. cafedelashoras.com - todos los días de 10:00 a 01:30 h.* El principal atractivo de este café, con un ambiente del siglo XIX, reside en su exuberante decoración, predominantemente roja, con trampantojos en las paredes, complementada con imponentes marcos y lámparas de araña. El ambiente tranquilo e íntimo es apreciado por una clientela variada, en la que todos comparten una copa del famoso cóctel local, el Agua de Valencia, a base de zumo de naranja, cava, vodka y ginebra.

Barrio del Carmen

Plano del barrio **págs. 18-19**

⑮ Café Museu - **D2** - *Museu, 7 -* 📞 *960 72 50 47 - de ma. a ju. de 16:00 a 23:00 h, vi de 10:00 a 23:00 h, sá. y do. de 11:00 a 23:00 h.* Agradable terraza a las puertas del Centro Cultural del Carmen, en un rincón tranquilo del barrio, donde se sirve el desayuno, tablas de queso o de fiambre, tapas y buenas croquetas caseras.

El Ensanche

㉒ Mercado de Colón - **F5** - *Jorge Juan, 19 -* 📞 *963 37 11 01 - www. mercadocolon.es - todos los días de 07:30 a 02:30 h.* Prueba la horchata y los *fartons* en una de las dos horchaterías del antiguo mercado: Casa Orxata *(www.casaorxata.com - de do. a mi. de 09:15 a 21:30 h, ju. de 09:15 a 22:00 h, vi. y sá. de 09:15 a 23:00 h)* y Orxateria Daniel *(www.horchateria-daniel.es - todos los días de 10:00 a 21:00 h).*

73

Barrio de Russafa

El barrio alternativo de moda de Valencia cobra vida al caer la noche, sobre todo en las calles Sueca, Cádiz, Cuba y Literato Azorín.

⑦ Olhöps - **E7** - *Sueca, 21 -* 📞 *650 13 50 22 - www.olhops.com - de 18:30 a 23:30 h, vi. y sá. de 18:30 a 01:30 h.* Este bar de moda y ambiente acogedor ofrece más de diez tipos de cerveza artesanal de barril y un centenar de cervezas embotelladas. La selección cambia de vez en cuando, así que te encantará volver y probar las novedades.

⑲ Ubik Café - **E8** - *Literato Azorín, 13 -* 📞 *963 74 12 55 - www.linktr.ee*

- de vi. a lu. de 10:00 a 01:30 h, ma. de 17:00 a 01:30 h, mi. y ju. de 10:00 a 13:30 h. Es a la vez un café con un agradable ambiente bohemio y una librería de segunda mano. Aquí se puede disfrutar (entre otras cosas) de cervezas artesanas, vermú casero y algunos platos ligeros. Uno de los símbolos del barrio. También vende libros infantiles.

㉟ Café Berlín - E7 *- Cádiz, 22 - ✆ 963 81 00 24 - de lu. a mi. de 19:00 a 02:00 h, ju. de 19:00 a 02:30 h, vi. de 17:00 a 02:30 h, sá. de 16:00 a 02:30 h, do. de 16:00 a 01:00 h.* Una animada coctelería donde podrás degustar los grandes clásicos de la mixología, así como creaciones inesperadas y estimulantes.

Jardines del Turia

El Colmado. Tapas y Latas - Fuera del mapa *- Mistral, 39 - ✆ 666 44 75 55 - de lu. a ju. de 09:00 a 00:00 h, vi. de 09:00 a 02:00 h, sá. de 10:00 a 02:00 h, do. de 10:00 a 01:00 h.* En la encantadora Casa de Trencadís, en pleno barrio de Benimaclet, puedes sentarte en la pequeña terraza y saborear una cerveza o un zumo recién exprimido. A la hora de comer, puedes darte un festín de conservas de pescado, embutidos y quesos.

Ciudad de las Artes y las Ciencias

♥ ㉑ Dulce de Leche *- Av. de França, 8 - ✆ 961 953 313 - www. pasteleriadulcedeleche.com - todos los días de 08:00 a 21:00 h.* Popular entre locales y turistas, esta pastelería se ha

convertido en una visita obligada en la ciudad (hay otras tres direcciones) gracias a su enorme selección de pasteles, tartas saladas y batidos.

Distrito marítimo

Plano del barrio pág. 53

Junto a la hermosa playa de la Malvarrosa y al Paseo Marítimo, los cafés ofrecen granizados, horchatas, helados y otras bebidas refrescantes. A los valencianos les gusta venir aquí con sus familias.

♥ ⑥ La Fábrica de Hielo *- José Ballester Gozalvo, 37 - ✆ 963 68 26 19 - www.lafabricadehielo.net - de ma. a ju. de 17:00 a 01:30 h, vi. de 17:00 a 02:30 h, sá. de 12:00 a 02:30 h, do. de 12:00 a 01:30 h.* Una antigua fábrica de hielo reconvertida en espacio de creación y exposición para artistas locales. Ven a tomar una copa, a un concierto o a una exposición. Buena programación en este lugar insólito, original y acogedor.

㉓ Las Arenas *- Eugenia Viñes, 22 - ✆ 963 12 06 00 - www.hotelvalencia lasarenas.com.* La terraza de este hotel de cinco estrellas es ideal para relajarse con vistas al mar. Balneoterapia.

㉚ Panorama *- Marina - ✆ 963 81 71 71 - www.panoramarestaurante. com - de 12:00 a 01:30 h, de vi. a do. de 11:00 a 01:30 h.* En el extremo más alejado del puerto deportivo, sin la ciudad enfrente, Panorama es un lugar bien cuidado en el que te gustará detenerte, arrullado por el ballet de los veleros. Restaurante y bar.

De compras

El centro histórico de Valencia está lleno de tiendas, algunas con un encanto antiguo, donde encontrarás todo lo que busques, desde mimbre hasta paelleras de todos los tamaños, que se venden en las ferreterías que rodean el **Mercado Central**. Para compras más tradicionales y *boutiques* de moda, dirígete al **Ensanche**. El barrio de **Russafa** alberga una floreciente oferta de tiendas alternativas, donde el diseño se une a la «mercería creativa» y los artículos reciclados.

♿ **Localiza las direcciones en nuestros planos utilizando los puntos numerados (ej. ❶). Las coordenadas en rojo (ej. C2) se refieren al mapa extraíble (en el interior de la cubierta).**

Alrededores de la catedral

Plano del barrio págs. 18-19

Mercados

⓫ Mercado de Tapinería - D3 - *Tapinería, 13-15 - ☎ 961 48 87 17 - www.mercadodetapineria.com - ju. y vi. de 11:00 a 14:00 h y de 17:00 a 20:30 h, sá. y do. de 11:00 a 20:30 h.* Este pequeño mercado efímero cambia cada quince días. Exposiciones, artesanía, talleres, comidas y animación en puestos desmontables.

⓬ Mercadillo de la plaza Redonda - D4 - *Plaça Redonda - de lu. a sá. de 10:00 a 20:00 h.* Durante la semana, encontrarás artículos de mercería, sobre todo encajes. Los domingos, el mercado cambia de cara y puedes encontrar todo tipo de baratijas, sellos, monedas, libros y ¡pequeños animales!

❤ **⓮ Mercado Central - D4** - *Pl. del Mercado - ☎ 963 82 91 00 - www.mercadocentralvalencia.es - de 07:30 a 15:00 h, excepto do.* Aquí podrás encontrar todos los productos de la región, incluidas las deliciosas naranjas de la huerta y los ingredientes necesarios para preparar la cocina valenciana: arroz y especias varias, incluido el azafrán de Levante.

Moda, diseño y decoración

Justo al norte del Palacio del Marqués de Dos Aguas, la **calle de la Paz** y sus alrededores reúnen un buen número de tiendas.

Recuerdos

⓭ @typical Valencia - D3 - *Caballeros, 10 - ☎ 963 92 37 09 - www.atypicalvalencia.com - de lu. a sá. de 11:00 a 14:30 h y de 17:00 a 20:00 h; do. de 11:30 a 14:30 h.* Los principales monumentos (Mercado Central, Lonja) o acontecimientos (mascletà...) de la ciudad se reproducen de forma original, colorista y divertida en camisetas, joyas, accesorios u objetos.

❤ **㉞ Simple - E3** - *Palau, 5 - ☎ 963 925 022 - www.simple.com.es - de 10:30 a 14:00 h y de 17:00 a 20:30 h, do. de 11:00 a 15:00 h.* Esta

La original tienda de recuerdos @typical Valencia.

encantadora tienda vende artículos vinculados a la memoria colectiva de los españoles: bolsas de la compra de ratán hechas a mano, mantas de lana tejidas en las montañas de Andalucía, utensilios de cocina de la abuela, cerámica popular y artículos de tocador que se creían desaparecidos. ¡Podrías pasar horas aquí!

㉟ Tienda de las Ollas de Hierro - E4
- Derechos, 4 - ☎ 963 92 20 24 - www. tiendadelasollasdehierro.com - de lu. a vi. de 10:00 a 13:30 h y de 16:30 a 20:00 h, sá. de 10:00 a 14:00 h.
La tienda más antigua de la ciudad, fundada en 1793. Los valencianos

acuden aquí a comprar complementos para las Fallas o figuritas para el Belén. Una inmersión en la cultura popular local. Imperdible.

Artesanía

② Chez Ramón - D4 - *Pl. Redonda, 2 -* ☎ *963 91 23 61 - www.chezramon. es - de lu. a vi. de 09:30 a 13:30 h y de 16:30 a 20:00 h; sá. de 09:30 a 13:30 h.* Inaugurada en 1853, esta tienda ha sido regentada por la misma familia durante cinco generaciones. Su principal producto es el hierro forjado decorativo. También cerámica. Aunque en el escaparate se exponen algunos artículos bastante turísticos, es en la trastienda donde descubrirás las creaciones más bellas.

⑩ Cestería El Globo - **D4** - *Músico Peydró, 16 - ☎ 963 52 64 15 - www.facebook.com/cesteriaelglobo - de 10:00 a 13:30 h y de 17:00 a 20:00 h, excepto do.* Esta tienda suministra a Valencia objetos y muebles de mimbre desde 1856: bolsos de mano, sillas, cestas, alfombras, etc.

❤️ **㉟ Abanicos Vibenca** - **D4** - *Pl. Lope de Vega, 5 - ☎ 960 05 08 02 - www.abanicosvibenca.es - de lu. a vi. de 10:00 a 13:30 h y de 17:00 a 20:00 h, sá. de 10:00 a 13:30 h.* Hijo y nieto de abaniqueros valencianos, Vicente continúa este noble arte. Una ventana que da a su estudio deja ver cómo trabaja.

Cerámica

Los entusiastas de la cerámica encontrarán finas piezas de Valencia o Manises en tiendas especializadas y anticuarios, la mayoría agrupados al este de la catedral, entre la plaza del Arzobispo y la plaza Nápoles y Sicilia.

① Boutique Lladró - **E4** - *Poeta Querol, 9 - ☎ 963 51 16 25 - www.lladro.com - de 10:30 a 20:00 h, excepto do.* Empresa familiar de origen valenciano desde 1950. Algunas de sus esculturas y estatuas de gran tamaño son verdaderas obras de arte y actualmente se venden en todo el mundo.

Vintage

⑳ Studio Vintage - **D3** - *Purísima, 8 - ☎ 617 95 26 35 - www.studiovintage.es - de lu. a sá. de 10:30 a 14:00 h. Tardes con cita previa.* Muebles y objetos vintage de los años 30 a los 70. No te pierdas las gafas de sol Dior, Paco

Rabanne o Playboy de los años 50 a los 90.

Moda y complementos

Las calles **Marqués de Dos Aguas** y **Poeta Querol** están ahora ocupadas por *boutiques* de moda y lujo.

⑨ Bugalú - **D3** - *Lonja, 6 - ☎ 963 15 44 76 - www.facebook.com/bugaluvalencia - de 10:00 a 20:30 h, do. de 10:00 a 14:00 h.* Amplia selección de ropa y accesorios para hombre y mujer con un espíritu colorista y un poco excéntrico. Marcas nacionales e internacionales. A pocos metros, la tienda hermana Madame Bugalú (Danzas, 3) ofrece una selección vanguardista de diseños femeninos.

Especialidades gastronómicas

③ Turrones Ramos - **D4** - *Sombrerería, 11 - junto a pl. Redonda - ☎ 963 92 33 98 - www.turrones-ramos.es - de lu. a vi. de 10:00 a 14:00 h y de 17:00 a 20:00 h, sá. de 10:00 a 14:00 h.* Desde 1890, esta tienda se dedica a la elaboración artesanal de turrón. Prueba el delicioso mazapán elaborado con pasta de almendras, azúcar y clara de huevo.

④ Original CV - **D4** - *Pl. del Mercado, 35 - esquina Ercilla - ☎ 963 91 84 80 - www.originalcv.es - de lu. a sá. de 10:00 a 20:30 h.* Esta tienda gourmet ocupa una antigua farmacia con techos altos artesonados decorados por Francisco Dalt, pintor de azulejos de Manises. En las estanterías: arroz, dulce de membrillo, miel y mermeladas, aceite de oliva, horchata de chufa, turrones, vinos y cervezas locales, y Agua de Valencia. Otro punto de venta en la estación del AVE Joaquín Sorolla.

㉑ The Espanista - D3 - *Caballeros, 8 (otra tienda en el barrio de Russafa: Reina Na Maria, 9) - ✆ 630 54 04 09 - www.theespanista.com - lu. y de mi. a vi. de 11:00 a 20:00 h, ma. de 11:00 a 14:30 h y de 16:00 a 20:30 h, sá. de 10:0 a 20:30 h y do. de 11:00 a 14:00 h.* En las dos tiendas de esta marca de moda, te debatirás entre la selección de productos gourmet (vinos locales, embutidos, conservas) y la de ilustraciones y carteles de diseñadores locales. Una cosa es segura, ¡siempre encontrarás un recuerdo inesperado de tu estancia en Valencia!

Bebidas alcohólicas

⑮ Bodegas Baviera - D3 - *Corretgería, 40 - ✆ 963 91 80 60 - de 10:00 a 14:00 h y de 17:30 a 21:00 h, excepto do.* Fundada en 1870. En esta enorme tienda encontrarás todo tipo de licores: vinos, cervezas, licores y, por supuesto, ¡Agua de Valencia! También diferentes tipos de aceite de oliva. Impresionante colección de instrumentos musicales (de viento, de cuerda, etc.).

Barrio del Carmen

Plano del barrio págs. 18-19

Mercado

⑰ Mercado Mossén Sorell - D2 - *Pl. Mossén Sorell - de 08:00 a 15:00 h, ju. y vi. de 08:00 a 15:00 h y de 17:00 a 20:30 h, do. cerrado.* Este bonito mercado local data de 1930. Durante todo el año, encontrarás una amplia gama de productos locales frescos, sobre todo de la huerta.

Vintage

⑲ Pannonica Vintage - D2 - *Baja, 13 - ✆ 696 95 10 55 - de lu. a vi. de 11:30 a 20:00 h, sá. de 11:30 a 14:30 h.* ¡En esta tienda vintage encontrarás de todo! Desde máquinas de escribir y el muñeco de Michelín hasta dispensadores de chicles y discos de vinilo de jazz: ¡verdaderos tesoros! Un taller de reparación de objetos antiguos ayuda a dar una segunda vida a estas pequeñas maravillas.

㉝ Santo Spirito Vintage - D3 - *Carrer de Dalt, 22 - ✆ 961 14 63 44 - www.santospiritovintage.com - de 11:30 a 14:30 h y de 17:00 a 21:00 h, excepto do.* Es LA tienda de ropa de segunda mano para hombre y mujer de Valencia. Algunas de sus creaciones son propias, como la imprescindible camiseta «Balenciana».

Alrededores del Ayuntamiento

Bio

⑯ Herbolario Navarro - D5 - *San Vicente Mártir, 63 - ✆ 963 52 28 51 - www.herbolarionavarro.es - de 09:00 a 21:00 h, excepto do.* Enorme supermercado ecológico que vende de todo, desde alimentos a productos de belleza, con eventos, degustaciones y talleres. Cafetería ecológica. La marca, fundada en el siglo XVIII, cuenta ahora con más de una docena de tiendas en la ciudad.

Dulces

❤ ㉔ Turrones Galiana - D4 - *San Vicente Mártir, 45 - ✆ 963 52 08 91 - www.turronesgaliana.com - de 10:00 a 14:00 h y de 17:00 a 20:00 h,* excepto sá. tarde y do. Esta pequeña tienda, siempre abarrotada, hace turrón, fruta confitada y una amplia gama de pastelitos de la mejor manera tradicional: ¡una auténtica delicia!

El Ensanche

Las **calles Colón** y **Jorge Juan** albergan marcas españolas de *prêt-à-porter* y complementos como Uno de 50, Javier Simorra, Purificación García, Bimba & Lola y muchas más. El **mercado de Colón** también alberga boutiques de diseñadores de vanguardia.

Mercado

23 **Mercado de Colón** - **F5** - *Jorge Juan, 19 - www.mercadocolon.es.* Aunque ya no funciona como mercado de productos frescos, ahora hay aquí varias tiendas *gourmet* (ver también 'Dónde beber').

Moda y complementos

6 **Sombreros Albero** - **E6** - *Xátiva, 21 - ☎ 636 95 53 70 - www. sombrerosalbero.com - de 10:00 a 14:00 h y de 17:00 a 21:00 h, excepto do.* En esta histórica tienda (fundada en 1820 por la familia Albero, que sigue al frente), seguro que encuentras el tocado de tus sueños: gorros de todo tipo, algunas dignos de Sherlock Holmes, auténticos sombreros panamá y borsalinos, e incluso canotiers conocidos aquí como «chevalieres», en homenaje a Maurice Chevalier.

22 **El Mundo al Revés** - **F6** - *Borriana, 5 - ☎ 963 94 23 08 - www. elmundoalreves.es - de 11:00 a 14:00 h y de 17:00 a 20:00 h, excepto do.* Pequeña y encantadora tienda de

ropa y accesorios para mujer. Las colecciones del año pasado están disponibles a precios de saldo. Ha abierto una segunda tienda en el barrio *(Comte de Salvatierra, 21).*

Grandes almacenes

7 **El Corte Inglés** - **F5** - *Colón, 27 (a la salida del metro) - ☎ 963 15 95 00 - www.elcorteingles.es - de 10:00 a 22:00 h, do. de 11:00 a 21:00 h.* Es la sucursal más céntrica de los famosos «grandes almacenes».

Barrio de Russafa

Las calles peatonales del barrio de Russafa y de los alrededores del Convento de Santa Clara son muy concurridas. En este barrio cosmopolita y popular abundan las tiendas de segunda mano y los centros de reciclaje, así como las galerías de arte y los espacios culturales alternativos.

Accesorios

8 **Abanicos Carbonell** - **E6** - *Castellón, 21 - ☎ 963 41 53 95 - www.abanicoscarbonell.com - de 10:00 a 20:00 h, excepto sá. y do.* En funcionamiento desde 1810 y regentada por la misma familia, esta tienda de abanicos vende artículos para todos los gustos y precios. ¡Una visita obligada cuando suben las temperaturas!

Librerías

28 **Librería Bartleby** - **E7** - *Cádiz, 50 - ☎ 963 23 71 84 - de 10:00 a 14:00 h y de 16:30 a 20:30 h , excepto do.* Bonito espacio cultural dedicado a los libros: novelas, cómics, ilustraciones, etc. Locales y visitantes se mezclan en un ambiente agradable y acogedor.

30 **Gotham Comics** - **E7** - *Russafa, 56 - ☎ 963 95 97 16 - de 10:30 a 14:00 h y de 17:00 a 20:00 h, excepto do.* A los aficionados al cómic les encantará esta librería especializada en cómics americanos, aunque sigue teniendo una buena selección de cómics europeos.

Vintage

26 **Novedades Casino** - **E7** - *Cádiz, 7 - ☎ 629 93 24 98 - www.facebook. com/novedadescasino - de 12:00 a 14:00 h y de 18:00 a 20:00 h, excepto do.* Apasionado de la fotografía de su ciudad natal, Pablo Casino colecciona una gran variedad de soportes gráficos, gracias a los cuales sus creadores han demostrado, desde los años 50, su ingenio y agudo sentido del diseño. Los visitantes de esta tienda de curiosidades caerán bajo el hechizo de antiguos carteles, mapas y otras imágenes que cantan las alabanzas de Valencia y el Mediterráneo.

32 **Ruzafa Vintage** - **D8** - *Puerto Rico, 33 - ☎ 657 19 12 24 - www. ruzafavintage.es - de lu. a vi. de 10:00 a 14:00 h y de 17:00 a 20:30 h, sá. de 10:00 a 14:00 h.* La fachada malva de esta tienda de muebles y objetos de decoración vintage llama la atención. Si tienes tiempo, ¿por qué no personalizar algunos artículos?

Chocolate

38 **Trufas Martínez** - **E6** - *Russafa, 12 - ☎ 963 51 62 89 - www.trufasmartinez. com - de 09:30 a 20:00 h, do. de 10:00 a 14:00 h.* Desde 1931, esta chocolatería es una visita obligada para los amantes de las trufas. Para los demás, la casa ofrece deliciosos *marrons glacés* y chocolates negros aromatizados.

Ciudad de las Artes y las Ciencias

Plano del barrio pág. 45

Centros comerciales y grandes almacenes

Los centros comerciales que se indican a continuación son accesibles en metro.

36 **Aqua** - *Menorca, 19 - ☎ 963 30 84 29 - www.aqua-multiespacio.com - 🅿 - de 10:00 a 22:00 h, do. de 11:00 a 21:00 h.* Agradable centro comercial al aire libre. Tiendas, restaurantes y cines al pie de la Ciudad de las Artes y las Ciencias.

37 **El Corte Inglés** - *Pintor Maella, 37 - ☎ 963 35 05 00 - www.elcorteingles. es - 🅿 - de 10:00 a 22:00 h, do. de 11:00 a 21:00 h.* Uno de los cuatro El Corte Inglés de Valencia.

🎭 Salir por la noche

Como cualquier ciudad española, Valencia ofrece muchas posibilidades para noctámbulos, melómanos, cinéfilos y demás. Es una ciudad joven y universitaria, y los numerosos estudiantes extranjeros contribuyen a la animación de las noches valencianas. Los principales lugares para salir están alrededor del **puerto**, el **barrio del Carmen**, la **calle de Caballeros** y **Russafa**, el último barrio de moda.

Encontrarás una lista detallada de la programación teatral y musical en la publicación mensual **24/7 Valencia** (www.247valencia.com), que se distribuye gratuitamente en las oficinas de turismo y en algunos hoteles.

♿ **Localiza las direcciones en nuestros planos utilizando los puntos numerados (ej. ❶). Las coordenadas en rojo (ej. C2) se refieren al mapa extraíble (en el interior de la cubierta).**

Alrededores de la catedral

Plano del barrio págs. 18-19

Café teatro

❺ Radio City - **D3** - *Santa Teresa, 19* - ✆ *963 91 41 51* - *www. radiocityvalencia.es* - *todos los días de 10:30 a 03:30 h.* Es un bar donde se puede bailar todo tipo de música. Cita obligada de la noche valenciana, también acoge exposiciones, proyecciones de cortometrajes y representaciones teatrales.

Barrio del Carmen

Plano del barrio págs. 18-19

Jazz

❸ Jimmy Glass Jazz Bar - **D2** - *Baja, 28* - ✆ *656 89 01 43* - *www. jimmyglassjazz.net* - *los horarios de los conciertos varían mucho: programa en su página web* - *imprescindible reservar.* Histórico club de jazz de Valencia donde actúan los mejores jazzistas contemporáneos.

Flamenco

❹ Café del Duende - **C2** - *Túria, 62* - *junto al Jardín Botánico* - ✆ *630 45 52 89* - *www.cafedelduende. com* - *conciertos ju. a las 20:30 h, vi. y sá. a las 21:30 h, do. a las 20 h.* Un lugar auténtico, aunque haya muchos turistas, para escuchar buen flamenco interpretado por artistas regionales.

Café cultural

❷⓿ L'Ermità Café Cultural - **D3** - *Obispo Don Jerónimo, 4* - ✆ *615 69 25 80* - *todos los días de 19:00 a 02:00 h. Trencadís* en el suelo, piedra vista en las paredes, este café cultural acoge exposiciones de pintura y ofrece una buena selección de cervezas.

Alrededores del Ayuntamiento

Cine

❻ Filmoteca de l'IVAC - **E4** - *Pl. del Ayuntamiento, 17* - ✆ *962 93 66 21* - *www.ivac.gva.es/la-filmoteca.* El Instituto Valenciano del Audiovisual y

la Cinematografía, en el Teatro Rialto, ofrece ciclos temáticos de cine de autor en versión original subtitulada.

24 **Cines Lys** - **E5** -Paseo Russafa, 3 - ☎ 963 51 17 66 - www.cinelys. com. Además de proyecciones, el cine ofrece óperas, ballets y conciertos clásicos y contemporáneos.

Barrio de Russafa

Guía de actividades en el barrio de Russafa: ruzafanoche.com.

Jazz

9 **Café Mercedes Jazz** - **E7** - Sueca, 27 - ☎ 640 09 74 90 - www. cafemercedes.es - de ju. a sá. de 20:00 a 02:30 h. Jazz pero también música de cámara; una programación ecléctica.

Club

26 **Picca Club** - **E7** - Tomassos, 12 - ☎ 617 76 63 98 - vi. y sá. de 00:00 a 07:30 h. ¡Música electro y pop rock en tus oídos!

Bares

❤ **1** **La Bella de Cádiz** - **E7** - Cádiz, 54 - ☎ 663 31 46 07 - www.facebook. com/labelladecadizvalencia - todos los días desde 19:00 h. Barroca y estrafalaria, esta discoteca atrae a una clientela variada, tanto local como extranjera, que acude a tomar la primera copa de la noche en un ambiente abarrotado. ¡La decoración está a la venta!

27 **Taberna Cubana Salsavana** - **E7** - Cádiz, 27 - ☎ 963 80 31 36 - todos los días, excepto lu. a partir de las 19:00 h. Bar cubano que sirve los mejores mojitos de Russafa.

28 **Backstage Russafa** - **E8** - Literato Azorín, 1 - ☎ 656 91 95 06 - todos los días de 09:00 a 02:00 h. Un poco caro, pero imprescindible en el barrio.

29 **Cocktail Bar Pessoa** - **E7** - Literato Azorín, 2 - ☎ 963 41 75 14 - ju. y do.

WillSelarep/Getty Images Plus

Espectáculo de flamenco.

de 19:00 a 22:30 h, vi. y sá. de 18:00 a 01:30 h. Ambiente colorista para esta coctelería, donde se pueden tomar gin-tonics, así como zumos de frutas naturales.

Jardines del Turia
Plano del barrio pág. 45

Conciertos y ópera
❤️ ⑪ **Palau de la Música** - **G6** - *Paseo de la Alameda, 30* - ☎ *963 37 50 20* - *www.palauvalencia.com.* Uno de los templos de la vida cultural, dedicado a la música clásica.

Ciudad de las Artes y las Ciencias
Plano del barrio pág. 45

Conciertos y ópera
⑫ **Palau de les Arts** - **H8** - *Av. Professor López Piñero, 1* - ☎ *961 97 59 00* - *www.lesarts.com.* Calatrava al servicio de la ópera. Ópera, pero también ballets y conciertos sinfónicos.

Discoteca
⑭ **Umbracle Terraza** - *Av. Professor López Piñero, 5* - *www.umbracleterraza. com.* La discoteca Mya cuenta con dos grandes pistas de baile y una terraza en temporada (mayo-septiembre) para bailar toda la noche frente al Museo de las Ciencias.

Flamenco
㉒ **La Bulería** - **F8** - *Obispo Jaime Pérez, 24* - ☎ *963 15 30 58* - *www. labuleria.com* - *espectáculos de ju. a sá. a las 22:30 h. y do. a las 20:30 h.* - *menús desde 58 €.* Decoración en blanco y negro y fotos en las paredes para este renombrado local flamenco.

Distrito marítimo
Plano del barrio pág. 53

Discotecas
⑮ **Vivir sin Dormir** - *Paseo Neptuno, 42* - ☎ *963 72 77 77* - *www. vivirsindormir.com* - *de lu. a ju. de 10:00 a 19:00 h, vi. y sá. de 10:00 a 02:00 h, do. de 10:00 a 23:30 h.* El nombre lo dice todo: es un lugar imprescindible para los valencianos trasnochadores, en primera línea de playa, donde también se puede comer algo.

⑰ **Destino 56** - *Paseo Neptuno, 56* - ☎ *963 72 44 33* - *www.destino56. es* - *de 10:00 a 02:00 h, vi. y sá. de 10:00 a 03:00 h.* Literalmente lleno en cuanto llega el buen tiempo, este bar de cócteles (también restaurante) de ambiente contemporáneo acoge a una clientela mayoritariamente joven.

㉕ **Marina Beach Club** - *Marina* - ☎ *961 15 00 07* - *www.marinabeachclub. com* - *de lu. a ju. de 13:00 a 17:00 h y de 20:00 a 00:00 h, vi. y sá. de 11:00 a 03:30 h, do. de 11:00 a 00:00 h.* Con su amplia terraza con vistas a la playa y una programación en directo y DJ set, el Marina Beach Club es la meca de la noche valenciana.

Flamenco
㉑ **El Toro y la Luna** - *Pl. Mestre Ripoll, 13-14* - ☎ *667 33 81 67* - *www. tablaoflamencovalencia.com* - *de mi. a do. desde las 19:30 h.* Al oeste del barrio del Cabanyal, este es uno de los mejores tablaos de Valencia, magníficamente decorado con *trencadís.*

🛏 Dónde dormir

La mayoría de los hoteles se concentran en el centro histórico: **El Carmen**, **plaza del Ayuntamiento** y **plaza de la Reina**. Los alrededores del **Palacio de Congresos** también albergan varios hoteles de calidad y precios atractivos. Todos los establecimientos ofrecen wifi a sus huéspedes. Sin embargo, durante las fiestas, sobre todo en Semana Santa y especialmente durante las Fallas, los precios pueden duplicarse o incluso triplicarse.

♿ **Localiza las direcciones en nuestros planos utilizando los puntos numerados (ej. ❶). Las coordenadas en rojo (ej. C2) se refieren al mapa extraíble (en el interior de la cubierta).**

Alrededores de la catedral
Plano del barrio págs. 18-19

De 70 a 130 €

❼ Hostal Antigua Morellana - **D3** - *En Bou, 2* - ☎ 963 91 57 73 - *www. hostalam.com* - ♿ - *18 habitaciones dobles. 95/129 €.* A un paso de la Lonja de la Seda y del Mercado Central, este hotel familiar, regentado por cuatro hermanas, destaca por su cálida acogida. Las habitaciones son luminosas y confortables, con bonitas vistas a las callejuelas del barrio (a veces un poco ruidosas por la noche).

❽ Hôme Youth Hostel - **D3** - *Lonja, 4* - ☎ 963 91 62 29 - *www. homeyouthhostel.com* - *18 habitaciones. 87/135 €.* Este peculiar hotel está ubicado en un antiguo piso. Las habitaciones, sencillas pero impecables, están todas decoradas con un tema diferente. Los huéspedes comparten los tres cuartos de baño del piso y la cocina para desayunar.

De 130 a 200 €

❤ ❷ Casa Clarita - **E3** - *Avellanas, 10* - ☎ 963 022 060 - *www.casaclarita.*

com - 12 habitaciones en torno a 150 € - ☕ 14 €. Inaugurado en 2023, este hotel se distingue de los establecimientos de este formato gracias a un interiorismo especialmente logrado, obra de Jaime Hayón. La luminosidad mediterránea se realza aquí con toques retro en el mobiliario y los suelos (maravillosas baldosas originales en los pasillos de arriba). Las habitaciones son todas diferentes, acogedoras y chic, mientras que la sala de desayunos, con sus grandes ventanales, hace honor a los preceptos del *art déco*.

❹ SH Inglés Boutique Hotel - **E4** - *Marqués de Dos Aguas, 6* - ☎ 963 51 64 26 - *www.inglesboutique.com* - ♿ - *63 habitaciones. 125/230 €.* Frente al Palacio del Marqués de Dos Aguas, este establecimiento ocupa un palacio del siglo XVIII. Habitaciones amplias, elegantes y bien equipadas. Algunas ofrecen deslumbrantes vistas de la fachada del palacio. Restaurante de calidad (Le Marquis) y bar con terraza frente al palacio.

❤ ❺ Ad Hoc Monumental - **E3** - *Boix, 4* - ☎ 963 91 91 40 - *www.adhochoteles. com - 28 habitaciones. 100/220 €*

- ☕ 22 €. Ubicado en un edificio de finales del siglo XIX, este encantador hotel está situado en una calle junto a la catedral, pero alejado del bullicio turístico. Tranquilo y acogedor, dispone de cómodas habitaciones decoradas al estilo neorrústico (vigas vistas, baldosas de terracota, etc.). Las de la planta superior disponen de una pequeña terraza privada. Cómoda ropa de cama y bonitos cuartos de baño.

10 Valenciaflats Catedral - **D3** - *Tapinería, 15-17* - ✆ *963 35 67 93* - *www.valenciaflats.com* - 🅿 - *27 apartamentos desde 150 €.* En pleno centro, cerca de la catedral, bonitos y modernos pisos totalmente equipados para hasta 6 personas, incluido uno en las azoteas con una magnífica terraza con vistas al Mercado de Tapinería. Servicio de limpieza disponible. Otras direcciones en la ciudad.

Más de 200 €

3 Petit Palace Plaza de la Reina - **E4** - *Abadía de San Martín, 3* - ✆ *963 94 51 00* - *www.petitpalace. com* - *43 habitaciones. 110/300 €.* Este hotel ocupa un bello edificio del siglo XIX en pleno centro histórico. Decoración moderna y refinada en las habitaciones, algunas de las cuales disfrutan de una terraza con vistas al Palacio del Marqués de Dos Aguas.

❤ **6 Caro Hotel** - **E3** - *Almirante, 14* - ✆ *963 05 90 00* - 🅿 *25 €/día* - ♿ - *26 habitaciones. 255/420 €* - ☕ 22 €. Un palacete del siglo XIX alberga este encantador hotel. Restos arqueológicos de las épocas romana y árabe de Valencia están repartidos por todo el recinto, como en el restaurante y las habitaciones, donde una estética

contemporánea los realza. ¡Un auténtico favorito!

Alrededores del Ayuntamiento

De 70 a 130 €

11 Hotel Venecia - **D5** - *Pl. del Ayuntamiento, 3* - ✆ *963 52 42 67* - *www.hotelvenecia.com* - ♿🅿 *15 € - 66 habitaciones. 95 €/190* ☕. Edificio clásico con fachada abalconada que da a la plaza. Habitaciones bien equipadas y apartamentos en las plantas superiores. La sala de desayunos es luminosa y ofrece magníficas vistas de la ciudad.

12 Sweet Hotel Continental - **E5** - *Correos, 8* - ✆ *963 53 52 82* - *www. sweethotelcontinental.com* - 🅿 - *46 habitaciones. 75/145 €* - ☕ *10 €.* A un paso de la Plaza del Ayuntamiento, este establecimiento ofrece habitaciones cómodas y elegantes. Acogida cordial. Terraza en la azotea.

14 Zalamera - **D6** - *Pelayo, 44* - ✆ *654 37 80 77* - *www.zalamerabnb. com* - *16 habitaciones. 75/130 €* - ☕ *7,50 €.* En un bello edificio típicamente valenciano, un *bed and breakfast* con habitaciones limpias y luminosas. La gran terraza de la última planta acoge a una clientela joven y moderna.

De 130 a 200 €

9 One Shot Palacio Reina Victoria - **E5** - *Barcas, 4* - ✆ *963 513 984* - *www. hotelonesshotpalacioreinavictoria04. com* - *85 habitaciones. 110/215 €* - ☕ *12 €.* Construido en 1913, este legendario hotel fue residencia de Ernest Hemingway y de Federico

García Lorca. Su escalera de época, conservada en su estado original, conduce a las habitaciones, todas ellas de diseño chic y depurado. Como seña de identidad de la casa, todos los espacios (recepción, habitaciones y pasillos) están decorados con obras de jóvenes artistas contemporáneos.

13 Oliveira Rooms - **E5** - *Virués, 6 - esquina Barcas - ☎ 963 06 09 30 - www.oliveirarooms.com - 21 habitaciones. 145/275 €.* Muy bien situado, este hotel recientemente renovado ofrece habitaciones de varios tamaños (la de la azotea es la más bonita) y con un espíritu minimalista y de diseño.

15 Hotel RH Sorolla Centro - **E5** - *Convento de Santa Clara, 5 - esquina Ribera - ☎ 963 52 33 92 - www.hotelrhsorollacentro.com - 58 habitaciones. 120/175 €.* Bien situado, a un paso de la plaza de toros y de la Estación del Norte, este hotel, renovado en estilo minimalista, dispone de habitaciones cómodas, sobrias y bien insonorizadas; las que dan a la calle tienen balcón. Un gran ventanal ilumina la sala de desayunos. Acogida cordial.

16 Hotel Mediterráneo - **D5** - *Av. del Oeste 45 - ☎ 963 51 01 42 - www.hotelmediterraneovalencia.com - 34 habitaciones. 150/225 €.* Hotel de estilo clásico con habitaciones modernas y confortables, cerca de la Plaza del Ayuntamiento.

El Ensanche

De 130 a 200 €

1 Hotel Dimar - **G5** - *Gran Via del Marqués del Túria, 80 - ☎ 963 95 10 30 - www.hoteldimar.com - 👤 🅿 18 €*

- 120/255 €. Idealmente situado para explorar los distintos distritos de la ciudad, el Dimar está bien cuidado y dispone de un pequeño gimnasio con sauna privada.

Jardines del Turia
Plano del barrio pág. 45

De 130 a 200 €

17 SH Valencia Palace - **G5** - *Passeig de l'Albereda, 32 - ☎ 963 37 50 37 - www.hotel-valencia-palace.com - 👤 🍴 🏊 🅿 16,84 € - 239 habitaciones. 110/240 €.* Frente al Palau de la Música se alza el imponente y elegante Hotel SH. Spa. Una dirección y de calidad.

Ciudad de las Artes y las Ciencias
Plano del barrio pág. 45

De 70 a 130 €

18 Eurostars Acteón - *Escultor Vicente Beltrán Grimal, 2 - ☎ 963 31 07 07 - www.sercotelhoteles.com - 🍴 🅿 187 habitaciones desde 90 €.* Un hotel de cadena confortable y de calidad. Las habitaciones son luminosas y funcionales.

Distrito marítimo
Plano del barrio pág. 53

De 130 a 200 €

20 Hotel Neptuno - *Paseo de Neptuno, 2 - ☎ 963 56 77 77 - www.hotelneptunovalencia.com - 👤 🍴 🅿 20 € - 50 habitaciones desde 180 € - ☕ 18 €.* Frente a la Playa de las Arenas, un hotel de estilo contemporáneo. Ideal para alternar baño y turismo gracias a las conexiones de tranvía y metro entre la playa y el centro histórico.

RECEPCIÓN

INFORMACIÓN PRÁCTICA

Nota para nuestros lectores:
Las trágicas inundaciones que asolaron la Comunidad
Valenciana a finales de octubre de 2024 pueden repercutir
en la información práctica que publicamos en esta guía. Por
ello, te invitamos a consultar esta información cuando viajes.

Plaza del Ayuntamiento.   fcafotodigital/Getty Images Plus

Planificar el viaje

Viajar en avión

Aeropuerto de Valencia Manises -
- Barcelona - Valencia (Iberia, vuelos directos)
- Bilbao - Valencia (Vueling, Iberia y Volotea, vuelos directos)
- Madrid - Valencia (Iberia y Air Europa, vuelos directos)
- Santiago de Compostela - Valencia (Ryanair, vuelos directo)
- Sevilla - Valencia (Iberia y Vueling, vuelos directos)

Conexiones con aeropuertos y centros urbanos pág. 3.

Principales compañías aéreas

Air Europa - aireuropa.com
Easyjet - www.easyjet.com
Iberia - www.iberia.com
Ryanair - www.ryanair.com
Vueling - www.vueling.com

Compañías de bajo coste

Sus tarifas son imbatibles, pero a menudo no incluyen ningún servicio (comidas a bordo, equipaje), que deben pagarse aparte. Algunas rutas solo se operan en temporada alta.

Centrales de reservas y comparadores de vuelos

www.booking.com
www.expedia.es
www.kayak.es
www.lastminute.com
www.momondo.es
www.skyscanner.es

Viajar en tren

A Valencia puedes llegar en tren directo desde Barcelona, Zaragoza, Madrid y Sevilla. Las compañías de tren de alta velocidad que llegan a Valencia son Renfe (AVE y Avlo), OUIGO e Iryo, además de otros trenes de corta y media distancia. Para más información, visita las páginas de las distintas compañías:
www.renfe.com
www.ouigo.com
www.iryo.eu

Estaciones de Valencia pág. 3.

Viajar en coche

No es aconsejable porque en pleno verano el tráfico es más que denso en la costa española y el aparcamiento en Valencia (imprescindible) puede ser bastante caro.
Si aun así prefieres ir en coche, aparca lo antes posible. Una buena idea es el aparcamiento subterráneo de Porta de la Mar, muy bien situado: una vez que llegues a los jardines del Turia desde el norte, solo tienes que cruzarlos por el Puente de Aragón y seguir las indicaciones (21,95 €/día).

Ver también «Coche» pág. 100.

Dinero

Las principales **tarjetas de crédito internacionales** se aceptan en la mayoría de comercios, restaurantes y hoteles.

Los cajeros automáticos abundan en el centro de la ciudad y en las zonas turísticas.

♿ En caso de pérdida o robo de tu tarjeta, consulta el recuadro de la pág. 94.

Clima

Valencia goza de un clima especialmente atractivo durante todo el año. La temperatura media es de 19 °C y hay más de 300 días de sol al año. Cuando llueve, los chubascos suelen ser breves pero a veces muy intensos (sobre todo al principio de la primavera y en otoño).

Verano - A menudo hace mucho calor, pero el mar no está lejos y a mediodía sopla una brisa diaria.

Invierno - Es una estación bastante agradable, con temperaturas que raramente bajan de los 10°C.

Primavera - Mayo es la época ideal para alojarse en Valencia.

Otoño - Los días son suaves, con una media de entre 15 y 20°C.

Para saber más

Sitios muy completos y bien realizados para consultar antes de ir:

www.visitvalencia.com - La oficina de turismo de la ciudad.

www.comunitatvalenciana.com - Portal oficial de turismo de la Comunidad Valenciana.

www.spain.info - Portal oficial del turismo en España.

Tu estancia de la A a la Z

Bicis

La bicicleta es un medio ideal para moverse por Valencia, especialmente en los Jardines del Turia (7 km de carril bici que descienden hasta el mar) y en la ciudad, donde un gran carril bici une los distintos barrios (red de 180 km). Existen numerosas agencias de alquiler de bicicletas en el centro, así como un servicio municipal, **Valenbisi** que cuenta con casi 300 estaciones. Está prohibido circular por las aceras y atar las bicicletas a farolas o árboles.

Valenbisi - ☎ 900 900 722 - www.valenbisi.es. Abono de 7 días: 13,30 € (compra en línea). Primeros 30 min gratis, 1,04 € por la siguiente 1/2 hora, luego 3,12 €/hora.

Valencia Bikes - Paseo de la Pechina, 32 - ☎ 650 621 436 - www.valenciabikes.com - de 09:30 a 18:00 h (20:00 h en verano). Alquiler (10 €/4h, 15 €/día, bici eléctrica 34 €/día) y visitas guiadas en bicicleta.

Do you bike - Calle del Mar, 14 y calle de la Sangre, 9 - ☎ 963 155 551 y 963 387 008 - www.doyoubike.com - de 10:00 a 14:00 h y de 17:00 a 20:00 h (de lu. a vi. 10 €/día, fin de semana 15 €/día, bicicleta eléctrica 30 €/día).

PassionBike - 2 tiendas: Serranos, 16 - ☎ 963 919 337 y Abadia de Sant Martí, 4 - ☎633 597 304 - www.passionbike.net. Alquiler (11 €/día), visitas guiadas.

Coche

Es casi imposible aparcar en el casco histórico: utiliza los **aparcamientos** subterráneos, de bastante fácil acceso, especialmente bajo la plaza de la Reina, junto a la catedral, o en la Glorieta de la Porta del Mar, así como en la calle Colón (varios aparcamientos en las calles Hernán Cortés, Félix Pizcueta, de Ruzafa, todos antes de llegar a la plaza de Toros). También existe un aparcamiento privado al que se accede desde la plaza del Ayuntamiento por la calle Correos.

Números de emergencia
Policía:
☎ 092 (policía local)
o 091 (policía nacional).
Bomberos:
☎ 080
Emergencias médicas;
☎ 112
Farmacias de guardia:
☎ 900 500 952
Servicio de asistencia del Ayuntamiento:
☎ 010
Aeropuerto:
☎ 961 598 500
Pérdida de tarjeta bancaria:
Tarjeta Visa : ☎ 900 99 1124
MasterCard : ☎ 900 97 12 31
American Express: ☎ 900 814 500

El entorno de la plaza del Ayuntamiento es peatonal desde 2022, con el objetivo de fomentar actividades sociales, culturales y de ocio (conciertos, actuaciones artísticas e iniciativas ecológicas).

Correo

Los **sellos** se venden en estancos y oficinas de correos.
Oficina de Correos - Pl. del Ayuntamiento, 24 - ☎ 963 512 370 - de lu. a vi. de 08:30 a 20:30 h.

Corridas

La plaza de toros de Valencia (calle Xàtiva) tiene capacidad para 12 000 espectadores. Se organizan ciclos taurinos con motivo de las Fallas (10-19 de marzo), la Feria de Julio (en torno al 25 de julio), la Fiesta de Nuestra Señora de los Desamparados (mayo) y El Día de la Comunidad (octubre), este último con toreros locales.

Días festivos

- **1 de enero**: Año Nuevo.
- **6 de enero**: Reyes Magos.
- **22 de enero**: San Vicente Mártir.
- **19 de marzo**: San José (Sant Josep), punto culminante de las Fallas.
- **marzo o abril**: Viernes Santo, domingo de Resurrección y Lunes de Pascua, San Vicente Ferrer (lunes siguiente al Lunes de Pascua).
- **1 de mayo**: Fiesta del Trabajo.
- **2.º domingo de mayo**: Nuestra Señora de los Desamparados.
- **15 de agosto**: Día de la Asunción.
- **9 de octubre**: Día de la Comunidad, que celebra la entrada en Valencia de Jaime I el Conquistador el 9 de octubre de 1238.
- **12 de octubre**: Día de la Hispanidad.
- **1 de noviembre**: Todos los Santos.
- **6 de diciembre**: Día de la Constitución.
- **8 de diciembre**: Día de la Inmaculada Concepción.
- **25 de diciembre**: Navidad.

Electricidad

La tensión de red es de 220 voltios.

Fútbol

Los aficionados querrán dirigirse al estadio de Mestalla para ver al Valencia CF, que compite regularmente en copas europeas. Además de los partidos, también se puede visitar este estadio, el más antiguo de Europa: **Mestalla Forever Tour** - 🎧 *«Visitas guiadas» pág. 99.*

Horarios

Bancos y administraciones - De lu. a sá. de 08:30 (o 09:00) a 14:00 h.
Tiendas - De 10:00 a 20:30 h (o 21:00 h) en las zonas turísticas. La pausa del mediodía (14:00-17:00 h) sigue vigente en los demás distritos.
Mercados - 🎧 *pág. 96.*
Restaurantes - Comida de 13:30 a 16:00 h. Cena a partir de las 20:30 h.
Museos y monumentos - La mayoría abren entre las 09:00 y las 10:00 h y cierran a las 18:00 h (a veces a las 20:00 h en verano). Algunos descansan entre las 14:00 y las 17:00 h. Muchos cierran los lu. Fechas de

cierre anuales: 1 y 6 de enero, 9 y 12 de octubre, 25 de diciembre.

Internet

Casi todos los hoteles y cafés ofrecen wifi gratuito a sus clientes. Algunos hoteles disponen de un ordenador para los clientes en el vestíbulo.

Lenguas

El **castellano** y el **valenciano** comparten la oficialidad lingüística en la Comunidad Valenciana.
En la vida cotidiana, todo el mundo habla castellano, aunque muchos valencianos hablan en su lengua histórica.
El valenciano aparece sobre todo en los textos oficiales (bilingües) y en la **toponimia**: los rótulos de las calles están escritos en ambas lenguas (calle de Caballeros/carrer dels Cavallers, plaza del Ayuntamiento/plaça Ajuntament), que en cualquier caso son lo bastante parecidos como para que nadie se sienta perdido, salvo en el caso de la plaza de la Virgen, que en valenciano se convierte en plaça de la Mare de Déu (de la Madre de Dios).

Mercados

Mercado Central - de 07:30 a 15:00 h excepto do.
Mercado de Russafa - de 08:30 a 14:30 h excepto do.
El **Mercado de Colón** (de 08:00 a 02:00 h) ya no es un mercado en el sentido estricto de la palabra. Ahora alberga bares y restaurantes, así como algunas tiendas.

Niños

Valencia es un destino ideal para familias. Además de los lugares mencionados a continuación, a los niños les encantarán los paseos en bicicleta, el distrito marítimo y las playas (♿ *págs. 48 y 96*).
Parque Gulliver - ♿ *pág. 38*.
Bioparc - ♿ *pág. 41*.
Hemisfèric - ♿ *pág. 44*.
Museo de las Ciencias - ♿ *pág. 44*.
Oceanogràfic - ♿ *pág. 46*.
Museo Fallero - ♿ *pág. 47*.
Veles e Vents - ♿ *pág. 50*.
Parque de la Albufera - ♿ *pág. 54*.
Jardines de Samay Devesa - Ctra. Saler km 13, al sur de la ciudad - ℘ 961 611 136 - www.samay.com. Parque de ocio a orillas de la Albufera. Piscina, pistas de tenis, parques infantiles, paseos en barco, servicios de restauración.

Ocio

Mundomarino - Marina Real Juan Carlos I (frente a *Veles e Vents*) - ℘ 966 423 066 - www.mundomarino.es. Excursiones en velero: paseo marítimo (1 h), puesta de sol (1 h 30 min), excursión de 3 h (15/55 €).
Paseo en barco por el Parque Natural de la Albufera - Embarcaderos en El Palmar (♿ *pág. 56*).

Oficinas de turismo

Oficina principal

Pl. del Ayuntamiento (dentro del Ayuntamiento) - ℘ 963 524 908 - de lu. a sá. de 09:00 a 19:00 h, do. y festivos de 10:00 a 14:00 h.

Otros puntos de información

Estación AVE Joaquín Sorolla - San Vicente, 171 - ☎ 963 803 623 - de lu. a vi. de 10:00 a 18:00 h, fines de semana y festivos de 10:00 a 15:00 h.

Aeropuerto - Llegadas - ☎ 961 530 229 - de marzo a octubre: de lu. a vi. de 08:30 a 20:30 h; sá., do. y festivos de 09:30 a 17:30 h de noviembre a febrero: do. y festivos de 09:30 a 14:30 h).

Valencia-Playa - Paseo Neptuno, 13, junto al hotel Las Arenas ☎ 963 557 108 - de mediados de junio a mediados de septiembre: de mi. a sá. de 10:00 a 14:00 h y de 15:00 a 17:00 h (de 10:00 a 14:00 h ma., do. y festivos); cerrado lu. y el resto del año.

Paz - Calle de la Paz, 48 - ☎ 963 986 422 - de lu. a sá. de 09:00 a 19:00 h, do. de 10:00 a 14:00 h.

Todas las oficinas cierran el 1 de enero, el 6 de enero y el 25 de diciembre.

Palacio de Congresos - Corts Valencianes, 41 - ☎ 963 390 390 - de lu. a vi. de 09:00 a 14:30 h. Oficina de turismo de la ciudad.

La página web **www.visitvalencia.com**, gestionada por la Oficina de Turismo de Valencia, te será muy útil durante tu estancia.

Personas con movilidad reducida

El Ayuntamiento ha hecho de la accesibilidad una de sus prioridades. La ciudad de Valencia, llana y poco pavimentada, es especialmente acogedora para las personas con movilidad reducida.

La web de la **oficina de turismo** recoge toda la oferta accesible en silla de ruedas (visitas, transportes, alojamientos, etc.): www.visitvalencia.com/valencia-accesible.

Los **autobuses** son accesibles en silla de ruedas.

Las **playas** de Las Arenas y de la Malvarrosa tienen acceso para sillas de ruedas (ducha, aseo, pasarela adaptada).

En esta guía, los monumentos y museos accesibles –la gran mayoría lo son– se señalan con el pictograma ♿.

Playas

Las grandes playas de arena de Valencia son accesibles en metro (líneas 4, 6 u 8) y autobús (19, 32, 92, 95, entre otros). Vigiladas y equipadas en temporada (sombrillas y tumbonas de alquiler), son una de las bazas de la ciudad, y una de las razones por las que recientemente ha revalorizado su litoral.

Playa de las Arenas (o Playa del Cabanyal) - Ⓜ Dr. Lluch o Ⓜ Cabanyal desde el centro (línea 5 o 7 de Colón a Marítim, o línea 5 de Xàtiva a Marítim, luego línea 6), o Ⓜ Platja les Arenes o Ⓜ Platja Malva-rosa desde Benimaclet. Alternativa: desde Marítim, toma la línea 8 hasta Neptú y camina hasta Platja les Arenes (unos 20 min). Es la playa más cercana al Puerto Deportivo y está bordeada por el Paseo Neptuno. Muy concurrida en verano.

Playa de la Malvarrosa - La misma ruta que para Playa de las Arenas, parada en Ⓜ Platja Malva-rosa (líneas 4 y 6). Una prolongación de

Playa las Arenas, con un montón de chiringuitos que ofrecen bebidas frías y aperitivos. La playa perfecta para familias.

Playa Patacón - Ⓜ La Cadena (líneas 4 y 6). Al norte de La Malvarrosa, en la continuación del río, es la más alejada de las playas urbanas y, por tanto, la más tranquila.

La Albufera - Enormes playas y dunas a lo largo de la costa de la Devesa, entre El Saler y la localidad costera de Cullera, más al sur.

Prensa

La prensa local *(Las Provincias* y *Levante)* y las ediciones valencianas de los diarios nacionales *(El País, El Mundo, ABC)* también recogen los principales actos del programa en su sección *Cartelera*.

Propina

Es costumbre dejar unas monedas en la cafetería, el restaurante o al taxista.

Restauración

Comer en Valencia nunca es un problema. Los bares de tapas, en particular, te ayudarán a esperar sin pasar hambre.

Se distingue entre tapas, raciones, algo más sustanciosas, y *pintxos*, de origen vasco, que se toman principalmente en los bares de la calle San Vicente Mártir. Para regarlo todo, tómate una copa de vino o una cerveza. Solo hay que conseguir llegar a la barra y pedir.

Para llevar - Además de bocadillos que se pueden comprar en casi cualquier sitio (y que los valencianos comen

hacia las 11 de la mañana, durante una comida única en la región llamada *esmorzaret)*, no olvides los puestos del mercado.

En el restaurante - Tendrás donde elegir *(♿ Nuestras sugerencias pág. 60)*. Prueba la cocina local, de la que los valencianos se sienten orgullosos con razón *(♿ Sabores valencianos pág. 120)*.

Desayunos - Suelen ser copiosos en los cafés: además de zumo de naranja natural, puedes elegir entre bollería o tostadas con mantequilla, aceite de oliva o tomate.

Tabaco

Está prohibido fumar en los lugares públicos y en algunas playas.

Taxis

Los taxis son bastante fáciles de encontrar y la tarifa no es muy cara (de 10 a 15 €, según la distancia). Tarifas diurnas, nocturnas, fines de semana y festivos. A título orientativo, un trayecto diurno entre el aeropuerto y el centro histórico de Valencia cuesta unos 25 €.

Teletaxi - 📞 963 571 313. Vehículos adaptados para personas con movilidad reducida.

Radio Taxi - 📞 963 703 333.

Transporte público

♿ *Mapa de transportes públicos en el reverso del mapa extraíble.*

Funciona muy bien y es muy útil para llegar al distrito marítimo, a la Ciudad de las Artes y las Ciencias o al

Con la **Valencia Tourist Card** (⚫ *en esta misma pág.*) el transporte público es gratuito, incluso hasta el aeropuerto.

Metro y tranvía

⚫ www.metrovalencia.es
La red consta de 10 líneas codificadas por colores. Las líneas 3 (roja) y 5 (verde) conectan el aeropuerto con el centro de la ciudad (Ⓜ Xàtiva o Colón, ⚫ *ver también pág. 3*). Para llegar al distrito marítimo, toma el 8 (tranvía) hasta Ⓜ Marítim y baja en Ⓜ Neptú, al pie del Paseo Neptuno y la playa de Las Arenas. Para la playa de la Malvarrosa, cambia en la estación Ⓜ Marítim o Ⓜ Grau La Marina y toma la línea 6 (tranvía) para bajar en Ⓜ Dr. Lluch o Ⓜ Cabanyal (el tranvía solo va a Platja les Arenes o Platja Malva-rosa en la otra dirección).

Tarifas: los billetes se venden en las estaciones (máquinas expendedoras, pago con monedas, billetes o tarjetas de crédito). Un billete sencillo es válido para un trayecto y cuesta 1,50 € (1 zona), pero no conviene comprar por adelantado: debe sellarse en los 30 min siguientes a su compra. La tarjeta **SUMA 10,** válida para 10 viajes, cuesta 8 € (1 zona), 12 € (2 zonas) o 20 € (3 zonas).

Autobuses

⚫ www.emtvalencia.es
Amplia red de rutas gestionadas por la EMT. Frecuencia: cada 10-20 min desde las 06:00 h hasta alrededor de las 22:00 h. Estas son las líneas más interesantes para los turistas:
- la línea 32 va desde el sur de la Plaza del Ayuntamiento hasta la Ciudad de las Artes y las Ciencias y el Paseo Marítimo;
- las líneas 13 y 35 unen el casco antiguo (Porta de la Mar, plaza del Ayuntamiento) con la Ciudad de las Artes y las Ciencias;
- la 95 bordea los jardines del Turia entre el Bioparc al noroeste y el distrito marítimo al sureste;
- la C1 recorre el centro histórico.

Tarifas: se puede comprar un billete sencillo (1,50 €) al conductor.
Bonobús 10 viajes: 8,50 € (a la venta en estancos, 10,50 € si es recargable).
Autobuses nocturnos - Entre las 22:00 y las 05:00 h circulan 23 líneas con frecuencias variables (de 20 a 60 min entre dos viajes). Prestan servicio a la mayoría de las zonas de ocio de la ciudad.

Valencia Tourist Card

A la venta en las oficinas de turismo, la **Valencia Tourits Card**, válida durante 24 horas (15 €), 48 horas (20 €) o 72 horas (25 €), incluye el uso ilimitado del transporte público (incluido el aeropuerto) y la entrada a una veintena de lugares públicos y museos de la ciudad. También ofrece descuentos en muchos otros museos, tiendas, restaurantes y lugares de ocio.
Cajero automático en el aeropuerto, en la planta de llegadas de la terminal regional (10% de descuento en internet).
⚫ www.valenciatouristcard.com

Visitas guiadas

www.visitvalencia.com - Actividades turísticas ofrecidas por la oficina de turismo, centradas en la seda, las Fallas, el arte religioso, etc.

Turiart Cultura Turismo y Arte - Editor Cabrerizo, 3 - ✆ 963 520 772 - www.turiart.com. Esta agencia ofrece paseos temáticos basados en la historia y la cultura valencianas: la ciudad gótica, el modernismo, los diferentes barrios (entre ellos Russafa o el Cabanyal), etc. Desde 6 €.

Mestalla Forever Tour - ✆ 963 372 626 - www.valenciacf.com. Los aficionados al fútbol estarán encantados de visitar el famoso estadio del Valencia Club de Fútbol. Aproximadamente 1 hora (13,30 €, con descuento 10,90 €), reserva con antelación.

Valencia Bikes - ♿ *esta misma página, antes.* Visita guiada en bicicleta de 3 h, (unos 30 € por persona).

Autobús turístico - La ruta A (roja) recorre el centro histórico, la ruta B (azul) te lleva a la Marina y las playas, y la ruta V (verde, 2 h) te lleva a la Albufera - billetes válidos durante 24 horas: 22 € (7-16 años, 11 €); 48 horas: 24 € (7-16 años, 12 €) - ✆ 963 414 400 - www.valenciabusturistic.com.

Agenda cultural

Fiestas y eventos

Enero

▶**Reyes Magos** - *Días 5 y 6.* Como en toda España, la cabalgata de los Reyes Magos recorre las calles la noche del 5 de enero repartiendo caramelos. La mañana del día 6 (festivo), los niños descubren sus regalos.

Marzo

▶**Fallas de Valencia** - *Del 15 al 19.* La gran fiesta de la ciudad, declarada Patrimonio Cultural Inmaterial de la Humanidad, se extiende desde la *Noche de la Plantà* (15 de marzo), hasta Sant Josep, cuando se queman. Las fiestas comienzan el 1 de marzo. *Mascletàs* (todos los días a las 14 h del 1 al 19 de marzo), fuegos artificiales, ofrendas florales a la Virgen, desfiles con trajes típicos y corridas de toros (& *pág. 115*). www.fallas.com

Marzo-abril

▶**Semana Santa Marinera** - *Del Domingo de Ramos al Lunes de Pascua.* Espectaculares procesiones en el distrito marítimo (& *pág. 116*).
▶**Domingo de Pascua** - La gente se reúne en los jardines del Turia o en la playa para comer la mona de pascua, y longanizas de pascua, al son de la música.

Mayo

▶**Fiesta de Nuestra Señora de los Desamparados** - *2.° do. de mayo.* Los valencianos honran a su patrona en la plaza de la Virgen (& *pág. 116*).

▶**Russafart** - *Última semana de mayo o 1.ª de junio - próxima edición en 2026.* Artistas del barrio de Russafa abren sus estudios al público. Proyecciones, conciertos y poesía, talleres infantiles, etc., con la participación de bares, restaurantes y tiendas locales, que acogen exposiciones. Estas jornadas de puertas abiertas tienen lugar cada dos años (& *pág. 37*). www.russafart.com

Junio

▶**Corpus Christi** - *60 días después de Pascua.* Procesión de carrozas en las que se representan episodios bíblicos.
▶**Sant Joan** - *Noche del 23 al 24 de junio.* Fiesta y hogueras de San Juan.

Julio

▶**Gran Fira de Valencia** - *Durante todo el mes.* Conciertos y actos. El último domingo de julio, batalla de flores con desfile de carrozas florales y lanzamiento de pétalos en el Paseo de la Alameda.

Agosto

▶**Fiesta del Cristo de la Salud en El Palmar** - *1.er do. de agosto.* Romería en barca por el lago de la Albufera.

Octubre

Día de la Comunidad Valenciana - *El 9.* Conmemoración de la entrada triunfal de Jaime I el Conquistador en la ciudad. La víspera, **Festival Internacional de Pirotecnia** en los jardines del Turia. El Palau de la Generalitat Valenciana abre sus puertas al público durante unos días.

mediamasmedia/Getty Images Plus

Trajes típicos de las Fallas.

Noviembre

▶ **Gran Premio de Motociclismo de la Comunitat Valenciana** - *A principios de noviembre.* En el circuito Ricardo Tormo, a 25 km al oeste de la ciudad. www.circuitricardotormo.com

▶ **Maratón Valencia Trinidad Alfonso** - (mediados noviembre o diciembre) Ideal para batir récords, el circuito es llano y la temperatura 17 °C. www.valenciaciudaddelrunning.com

Diciembre

▶ **Mercado de Navidad** - *Principios de diciembre al 6 de enero.* Animaciones en las principales plazas, pista de hielo en la plaza del Ayuntamiento, parque de atracciones en la Marina, circos ambulantes, fuegos artificiales y *Expojove* (talleres infantiles) en la Feria, el recinto ferial.

Festivales y ferias

La mayoría de las ferias internacionales se celebran en la **Feria de Valencia**, un recinto ferial situado en la calle Ferias, al noroeste de la ciudad (línea 4 de metro, terminal Fira Valencia).

Primavera

▶ **Cuina Oberta** - Durante 10 días, unos 60 restaurantes de Valencia reúnen deliciosos menús a un precio único. www.valenciacuinaoberta.com

Abril

▶**Dansa Valencia** - Festival de danza en el Teatro Principal (calle de las Barcas/calle Poeta Querol) y otros escenarios. www.dv.ivc.gva.es

Abril-mayo

▶**Festival del Cortometraje de Radio City** - Los mejores cortometrajes españoles presentados en un recinto multicultural de la calle Santa Teresa. www.radiocityvalencia.com

Junio

▶**Festival de les Arts** - Un fin de semana de conciertos de pop rock en la Ciudad de las Artes y las Ciencias. www.festivaldelesarts.com

Junio-julio

▶**Festival de Jazz** - En el Palau de la Música. www.palauvalencia.com
▶**Festival de Serenates**- Música clásica en la antigua universidad.

Agosto

▶**Filmoteca d'Estiu** - Los jardines del Palau de la Música son escenario de proyecciones de grandes clásicos y películas de culto. ivc.gva.es

Otoño

▶**Cuina Oberta** - 🕭 *Ver pág. 103.* 2.ª edición del año.

Septiembre

▶**Russafa Escènica** - Teatro y artes plásticas. www.russafaescenica.com

Noviembre

▶**Mediterránea Gastrónoma** - Encuentros y *shows cooking* en la

Feria de Valencia. www.gastronoma. feriavalencia.com

▶**Bienal de Valencia - Ciutat Vella Oberta** - *Próxima edición en 2025.* Los artistas y creadores del casco antiguo abren sus estudios. www. bienaldevalencia-ciutatvellaoberta.org

▶**Japan Weekend** - **Salón del Manga de Valencia** - Los aficionados al cómic, los videojuegos japoneses y la cultura japonesa contemporánea en general acuden en masa a esta feria. www.japanweekend.com

Diciembre

▶ **Feria Automóvil València** - Salón del automóvil duplicado como muestra de coches antiguos y clásicos. www. feriaautomovil.es

Exposiciones temporales

El **IVAM** (🕭 *pág. 29*) presenta 4 o 5 exposiciones anuales de arte moderno y contemporáneo.

El **CaixaForum** de l'Agora (🕭 *pág. 46*) organiza cada año varias grandes y bellas exposiciones sobre temas muy variados.

El **MuVIM** (🕭 *pág. 33*) utiliza las artes visuales para dar una mirada etnográfica a nuestra sociedad.

Otros centros de exposiciones temporales **Bombas Gens - Centro de Artes Digitales** (🕭 *pág. 40*) y **Centro Cultural del Carmen** (🕭 *pág. 29*).

Programas en las páginas web de los museos y en la oficina de turismo.

PARA SABER MÁS

Plaza Redonda, de Salvador Escrig Melchor (1840).
LUNAMARINA/Getty Images Plus

Fechas clave

138 a. C. - Fundación de *Valentia Edetanorum* por el cónsul romano **Junio Bruto**.

75 a. C. - La ciudad fue destruida durante la guerra civil entre Pompeyo y Sertorio y permaneció más o menos abandonada durante medio siglo.

Siglos I y II - Desarrollo de la ciudad con la construcción de edificios públicos: foro, circo, puerto fluvial, etc.

304 - Martirio de San Vicente.

497 - Asentamiento de los **Visigodos**.

718 - Conquistada por los árabes, Valentia se convierte en Balensiya, y a partir de entonces dependiente del Califato de Córdoba.

778 - La ciudad es destruida por Abd-er-Rahman I.

Hacia el 800 - Abd-al-Ali, apodado **Al-Balansi** («el Valenciano»), hace construir un palacio rodeado de jardines: Russafa.

Hacia el 960 - Creación del **Tribunal de las Aguas** por el Califato de Córdoba.

1010 - Caída del Califato de Córdoba. Balensiya se convierte en capital de una *taifa*. Bajo el reinado de Abd-al-Aziz, la ciudad se amuralla.

1094 - Tras ocho meses de asedio, **Rodrigo Díaz de Vivar (el Cid)** toma la ciudad el 15 de junio.

1099 - Muerte del Cid. Su viuda, Doña Jimena, intenta resistir la presión de los almorávides.

1102 - Los almorávides toman el control de Balensiya.

1238 - El rey de Aragón **Jaime I el Conquistador** toma el control de la ciudad, en la que entra triunfalmente el 9 de octubre. Jaime concede a la ciudad privilegios (los **Furs**) y crea el **reino de Valencia** asociado a la corona de Aragón.

1247 - Se crea una moneda, el real valenciano.

1262 - Comienza la construcción de la catedral en el emplazamiento de la Mezquita Mayor.

1276 - Muere Jaime I el Conquistador en el Palacio Real de Valencia.

1348 - La epidemia de la peste negra asola la ciudad.

1363-1364 - Los valencianos resisten dos intentos de asalto por parte de los ejércitos de Castilla, que asolan el Palacio Real. Esto le valió a la ciudad el apelativo de «dos veces leal», pronunciado por el rey **Pedro el Ceremonioso** (de ahí las dos «L» del escudo).

1392-1398 - Construcción de las Torres de Serranos, puerta principal de las nuevas murallas.

1408 - Creación del primer banco, la **Taula de Canvís**.

1424 - El rey Alfonso el Magnánimo establece su corte en Valencia, marcando el inicio del **Siglo de Oro Valenciano**. Pintores, escultores y escritores contribuyen al prestigio de la ciudad, en pleno auge económico, donde desde 1418 se levanta el emblemático Miguelete.

1482 - Construcción de la Lonja de la Seda.

1483 - Con 75 000 habitantes, Valencia es la primera ciudad cristiana de la Península Ibérica.

1517 - Dramática crecida del **río Turia**.

1523 - Germana de Foix, viuda de Fernando el Católico, es nombrada virreina de Valencia por Carlos V. Mantiene una corte resplandeciente y acondiciona los jardines del Real.

1609 - La expulsión de los moriscos provoca una grave crisis económica y financiera (quiebra de la Taula de Canvís).

1707 - La ciudad es despojada de sus Furs por el Borbón Felipe V.

1792 - Comienzan las obras de construcción del puerto.

Finales del siglo XVIII - Valencia recupera cierta prosperidad gracias a sus fábricas de seda.

1808 - La ciudad se levanta contra la ocupación. Fue recuperada en 1812 por el **mariscal Suchet**.

1877 - Anexión de una decena de ciudades, entre ellas Poble Nou de la Mar (actual distrito marítimo) y **Russafa**.

1887 - Comienzan las obras de ampliación de la ciudad fuera de las murallas (el **Ensanche**).

1900 - 224839 habitantes en Valencia.

1921 - Inauguración de la estación del Norte.

1936-1939 - Valencia se convierte en la capital provisional de la España republicana durante la Guerra Civil.

1957 - Una inundación mortal en el **río Turia** provoca el desvío del curso del río.

1982 - Valencia se convierte oficialmente en capital de la **Comunidad Valenciana**.

1988 - Primera línea de metro.

1998 - Inauguración de la **Ciudad de las Artes y las Ciencias** con la apertura del Hemisfèric.

2004 - El Valencia CF gana la Copa de la UEFA.

2007 - Valencia acoge la 32.ª edición de la America's Cup.

La Lonja de la Seda, testigo de la prosperidad de Valencia en el siglo XV.

2009 - El **Tribunal de las Aguas** es declarado Patrimonio Cultural Inmaterial de la UNESCO.

2015 - Joan Ribó (de la coalición Compromís) sustituye a Rita Barberá (del Partido Popular) como alcalde.

2016 - Las **Fallas** son declaradas Patrimonio Cultural Inmaterial de la Unesco.

2018 - Inauguración de un carril bici (20 km) en el centro de la ciudad.

2022 - Valencia se convierte en Capital Mundial del Diseño y Capital Europea del Turismo Inteligente.

2023 - María José Catalá, del Partido Popular, se convierte en alcaldesa de Valencia.

2024 - Valencia es nombrada Capital Verde Europea, sucediendo a Grenoble.

109

fotoVoyager/Getty Images Plus

El Siglo de Oro Valenciano

Lugar predilecto de los reyes de Aragón, Valencia conoció un brillante periodo artístico en el siglo XV. A lo largo de este siglo y a principios del siguiente, la ciudad vivió un florecimiento artístico y literario sin precedentes hasta su declive político y económico.

Una ciudad nueva

Nada más ser reconquistada por el rey **Jaime I de Aragón** (1238), Valencia se convirtió en una inmensa obra de construcción. Las mezquitas se derribaron para construir iglesias, como la catedral, iniciada en 1262 en estilo románico (de esta época se conserva la puerta del Palau), y continuada después en estilo gótico (puerta de los Apóstoles, Miguelete), que se convertiría en el estilo dominante. La primera de muchas, la iglesia de San Juan del Hospital (1238) es típica del gótico valenciano: no tiene crucero, es de una sola nave, con bóvedas de crucería o cubiertas sobre arcos diafragma. Hay poca decoración esculpida; es la pureza de sus líneas lo que le confiere su elegancia.

En el aspecto militar, se construyeron poderosas murallas, como atestiguan las **Torres de Serranos** (1392-1398) y las **Torres de Quart** (1441-1460).

El gótico civil no se quedó atrás: la nobleza construyó suntuosos palacios, algunos de los cuales aún se conservan en torno a la **calle de Caballeros**. El Palau de la Generalitat y, sobre todo, la **Lonja de la Seda** (1482) atestiguan el poder y la prosperidad de la ciudad. El Colegio del Patriarca (1583) y la obra nueva de la catedral son ejemplos del arte renacentista tardío.

Pintura y escultura

En el campo de la pintura, los principales artistas son **Lluís Dalmau** (1400-1468), influido por Van Eyck y trabajando principalmente en Cataluña, trajo la influencia flamenca a España. La escuela de los **primitivos valencianos**, de fuerte influencia italiana y flamenca, fue uno de los movimientos pictóricos más brillantes del siglo.

Estuvo dominada por Jaume Baço, alias **Jacomart** (c. 1413-1461), y su discípulo **Joan Reixach** (c. 1431-1486); también hay que mencionar a **Rodrigo Osona el Viejo** (c. 1440-1518) y a su hijo **Francisco Osona el Joven** (activo entre 1500 y 1514).

A mediados de siglo, este arte había alcanzado un nivel de perfección que puede apreciarse en dos obras maestras anónimas del Museo de Bellas Artes: el *Retablo de San Martín, Santa Úrsula y San Antonio Abad* y la *Anunciación.*

En **escultura**, destacó otro valenciano: **Damià Forment** (1480-1540), que trabajó principalmente en Aragón, donde creó enormes retablos, en la encrucijada de los estilos gótico y renacentista.

La siguiente generación fue igual de brillante, marcada por el espíritu del Renacimiento: **Fernando Yáñez de la Almedina** (activo entre 1505 y 1535) y

Fernando Llanos (activo entre 1505 y 1525) introdujeron el estilo de Leonardo da Vinci; **Vicente Macip** (1475-1545) añadió la influencia rafaelesca tras descubrir a Sebastiano del Piombo; su hijo, Juan Vicente Macip, conocido como **Juan de Juanes** (1507-1579), realizó obras ya manieristas.

La cerámica

Los artesanos valencianos del siglo XV mostraron un gran talento en herrería, orfebrería, bordados, etc. Pero el Siglo de Oro es sobre todo el auge de la cerámica. A partir del siglo X los árabes aportan sus conocimientos en este campo. La técnica del «lustre» (cerámica con brillo metálico), originaria de Mesopotamia, se desarrolló en los talleres de **Manises** y **Paterna**. Estos productos se exportaban desde el puerto de Valencia en barcos procedentes de Mallorca (de ahí el nombre de *mayólica* que le dan los italianos). En el siglo XV, Manises abastecía a la República de Venecia, al Vaticano y a muchas otras ciudades italianas. Posteriormente, sin embargo, los talleres de Manises perdieron su posición hegemónica al tener que hacer frente a la competencia de otros centros europeos.

Una lengua, muchos escritores

Desde la Reconquista, en Valencia se habla catalán... o mejor dicho **valenciano**, que en la actualidad se considera una lengua propia. Ya en 1475 se instaló en la ciudad una imprenta que publicó un texto en la lengua local, y en 1489 se publicó en Venecia un diccionario latino-valenciano... en Venecia.

Mientras el dominico **San Vicente Ferrer** predicaba en valenciano, surgía una brillante **literatura**, con el poeta **Ausiàs March** (1397-1459) renovando el arte de los trovadores al explorar el tema del amor cortés. Su cuñado, **Joanot Martorell**, escribió *Tirant lo Blanc* (1465), considerada la primera novela moderna.

En marcado contraste con esta novela de caballería se encuentra *L'Espill (El Espejo: Libros de las mujeres)*, una novela satírica en verso escrita por un médico valenciano, **Jaume Roig** (m. 1478). Conocido por su misoginia y anticlericalismo, este libro es el precursor de la novela picaresca.

jacquesvandinteren/Getty Images Plus

Frescos renacentistas de la Catedral de Valencia.

Arquitectura

Tras la unión con la corona castellana, la pérdida de la hegemonía política y la deslocalización de los centros de poder, unidas a una gran crisis económica y a varias epidemias, provocaron una larga decadencia en Valencia, que se convirtió en una apacible ciudad de provincias donde florecieron los conventos: ¡en el siglo XVII había más de 70!

La llegada del Barroco

Fue esta intensa vida conventual la que permitió que el Barroco, el arte de la Contrarreforma, se apoderara de la arquitectura valenciana. Los interiores de las iglesias existentes fueron literalmente cubiertos de estucos, dorados y frescos por artistas llegados de Italia, como Palomino: los ejemplos más llamativos son las iglesias de los Santos Juanes y, sobre todo, la de San Nicolás. Las cúpulas, como la de la torre de Santa Catalina, están decoradas con cerámica vidriada policromada. Abundan las columnas torales en las portadas de las iglesias, cuyas fachadas son tan elaboradas como los suntuosos retablos de piedra: la catedral, diseñada por Konrad Rudolf, es un ejemplo de ello. Las nuevas iglesias, como la basílica de Nuestra Señora de los Desamparados, eran de planta elíptica.

La arquitectura civil no se quedó atrás, y la salvaje portada del Palacio del Marqués de Dos Aguas, esculpida por **Ignacio Vergara**, es un ejemplo impresionante.

Del clasicismo al modernismo

En el siglo XIX, Valencia comenzó a transformarse en una ciudad moderna. Tras las leyes de expropiación de 1836, la destrucción de numerosos conventos permitió liberar terrenos y urbanizar plazas y calles: la plaza Redonda (de **Salvador Escrig Melchor** 1840) y la plaza de toros (**Sebastián Monleón** 1857-1860) son dos raros ejemplos del neoclasicismo valenciano. Sin embargo, la ciudad pronto empezó a sentirse agobiada y se puso en marcha el primer proyecto de ampliación, el **Ensanche** fue aprobado en 1866, antes de lanzarse definitivamente en 1887. Este periodo, marcado por la influencia de una burguesía industrial triunfante, estuvo dominado por dos estilos. El **historicismo** o **eclecticismo** consistió en adaptar el repertorio arquitectónico conocido (con predilección por el

112

Valencia antes de Valencia

Fundada por los romanos, ocupada por los visigodos y después bajo dominio árabe durante más de cinco siglos, Valencia conserva pocas huellas visibles de este prestigioso pasado, aparte de la «ciudad subterránea» de **La Almoina** donde se conservan los restos del foro romano, la catedral visigoda y el alcázar árabe: suficientes para hacerse una idea del pasado esplendor de la ciudad. ♿ pág. 17.

La cerámica salvada por el modernismo

Los talleres de cerámica, que habían pasado apuros durante dos siglos, experimentaron un renacimiento en los siglos XIX y XX, gracias al Modernismo, que hizo un amplio uso de nuevos materiales. La cerámica se utilizó para revestimientos decorativos, sobre todo en las fachadas de los edificios.

neogótico) a los nuevos tiempos: torreones, campanarios y esculturas pseudoantiguas abundaban en las fachadas monumentales, testimonio de la riqueza y el poder de la burguesía. En la plaza del Ayuntamiento y en la avenida Marqués de Sotelo pueden verse buenos ejemplos. Más innovador, el **modernismo** ha dejado en Valencia algunos monumentos emblemáticos, como la Casa de los Dragones diseñada por **José Manuel Cortina** en 1901; el Mercado de Colón, obra de **Francisco Mora Berenguer** (1913), y el Mercado Central, construido por **Alejandro Soler** y **Francesc Guàrdia** entre 1914 y 1928; la Estación del Norte, construida por **Demetrio Ribes** en un estilo tomado de la Secesión vienesa (1917-1921), sin olvidar los *tinglados* del distrito marítimo, diseñados en la década de 1910 por **Federico Gómez de Membrillera** dentro del plan general de ampliación y mejora del Puerto de Valencia.

Hoy y mañana

Tras años de letargo, la ciudad, convertida en capital de una Comunidad Autónoma y, por tanto, dueña en gran medida de su propio destino, despertó y recurrió a arquitectos de prestigio para cambiar su fisonomía. Surgieron varios edificios: museos (el IVAM, 1989, diseñado por los arquitectos valencianos **Emilio Giménez** y **Carlos Salvadores** y el MuVIM de **Guillermo Vázquez Consuegra** 2001), salas de conciertos (Palau de la Música, de **José María de Paredes**, 1987), Palacio de Congresos con sus elegantes curvas (**Norman Foster**, 1998).

La Ciudad de las Artes y las Ciencias, símbolo de la entrada de la ciudad en el 3.er milenio, se encargó a un valenciano, **Santiago Calatrava** (☝ *pág. 119)* y a **Félix Candela** que diseñó el Oceanogràfic, famoso por su dominio de las formas paraboloides. El distrito marítimo, por su parte, vio su puerto transformado de arriba abajo en 2007 para acoger la Copa América. Para la ocasión, el arquitecto **David Chipperfield** construyó una estructura ligera llamada Veles e Vents.

Otro ambicioso proyecto, ya muy avanzado, debería estar terminado a finales de la década (2027-2030): el **Parque Central**. Este vasto espacio verde, que se construirá sobre las vías del tren en varias fases, ofrecerá diversas zonas de ocio y servicios. La mitad del parque ya está abierta al público.

Como merecida recompensa, Valencia fue elegida Capital Mundial del Diseño y Capital Europea del Turismo Inteligente en 2022, y en 2023, la UNESCO la incluyó en la Red de Ciudades Creativas.

Fallas y otras fiestas

Las Fallas, fiesta del fuego

Del 15 al 19 de marzo, Valencia celebra los días salvajes de las Fallas, catalogadas por la Unesco en 2016 como Patrimonio Cultural Inmaterial de la Humanidad, una costumbre que se remonta a la Edad Media. En aquella época, el gremio de carpinteros quemaba los restos de madera el día de san José en hogueras llamadas *fallas* (del latín *fax*, antorcha). Este se convirtió en el nombre de la fiesta.

Con el tiempo, comenzaron a fabricarse gigantescos muñecos de madera o cartón piedra, a menudo satíricos y destinados a la hoguera. En el siglo XVII, estos muñecos, conocidos como *ninots*, se transformaron en grandes conjuntos de cartón piedra conocidos como *fallas*, que hoy en día han alcanzado dimensiones extraordinarias, con los barrios compitiendo entre sí.

Orgullo valenciano

Conocida como la «Real Senyera», la bandera de la Comunidad Valenciana está formada por cuatro barras rojas sobre fondo amarillo, con una franja azul con coronas a los lados del asta. Símbolo de la libertad valenciana, no se inclina ante nadie, ni siquiera ante el Rey... lo cual requiere muchas contorsiones para sacarla del ayuntamiento.

Cada plaza de la ciudad está ocupada por una de estas efímeras estatuas, y se conceden premios a sus creaciones artísticas y satíricas. Cada año, un *ninot* es indultado y trasladado al **Museo Fallero** (♿ *pág. 47*). Todos los días a las 14:00 h, del 1 al 19 de marzo, una gran multitud se reúne en la plaza del Ayuntamiento para ver la **mascletà**, un impresionante espectáculo de petardos creado por una empresa pirotécnica diferente cada día. El último minuto parece un auténtico terremoto.

Del 15 al 19 de marzo también hay un castillo de fuegos artificiales cada noche, entre las 00:00 y la 01:30 h dependiendo del día.

Los días 17 y 18 de marzo, grupos de *falleros* ataviados con trajes típicos ofrecen flores a Nuestra Señora de los Desamparados en la plaza de la Virgen. Ambas noches se organizan espectáculos pirotécnicos, siendo el más importante el de la **Noche del Fuego** del día 18. La fiesta culmina el día 19, día de San José. La cabalgata del fuego recorre la ciudad como preludio de la *cremà* de las Fallas: la falla ganadora se quema la última, justo antes de la municipal (fuera de concurso) en la plaza del Ayuntamiento. Son hogueras purificadoras.

Durante estos cinco días, la plaza de toros acoge una sucesión de corridas, novilladas y espectáculos de recortadores. Son el inicio de la temporada taurina española.

Semana Santa

Como en el resto de España, las celebraciones de Semana Santa están marcadas por fervientes e impresionantes procesiones, que tienen lugar en el distrito marítimo: es la **Semana Santa Marinera**.

Fiesta de Nuestra Señora de los Desamparados

La fiesta en honor a la patrona de Valencia se celebra el segundo domingo de mayo. Desde el sábado por la tarde, la plaza de la Virgen se convierte en el lugar de encuentro, con bailes y conciertos para esperar a las dos misas que se celebran frente a la basílica a las 04:00 h y a las 07:00 h. El momento culminante es el traslado: a las 10:30 h, los fieles llevan a hombros la efigie de la Virgen desde la basílica hasta la catedral, donde entra de espaldas ¡para no dar la espalda a sus admiradores! Por la tarde, regresa a la basílica en solemne procesión bajo una lluvia de pétalos de rosa.

Gran Fira de Valencia

Es la más laica y reciente de las fiestas valencianas, ya que data de 1871. Se creó para animar la ciudad durante el verano. Es una feria en el sentido original de la palabra, en realidad una especie de feria y exposición, con venta de productos de la huerta, desfiles, conciertos de bandas callejeras y corridas de toros en la plaza. La Feria, que se celebra por Sant Jaume, hacia el 25 de julio, culmina el último domingo del mes con la **Batalla de las Flores** en el Paseo de la Alameda, donde desfilan carrozas florales y se lanzan pétalos de flores.

El Día de la Comunitat Valenciana

El 9 de octubre, toda la Comunidad Valenciana conmemora la entrada triunfal de Jaume I en la ciudad de Valencia. La **Senyera** (la bandera valenciana) se porta en procesión desde el Ayuntamiento hasta la catedral, donde se interpreta un *Te Deum*. La noche anterior, compañías especializadas compiten en el Festival Internacional de Pirotecnia, que se puede contemplar desde el Paseo de la Alameda, que discurre por el antiguo cauce de la Río Turia. ♿ *Ver también el recuadro de la pág. 115.*

Valencianos ilustres

El final del Siglo de Oro en el siglo XVI no supuso el fin de la creación artística en Valencia, y varios artistas valencianos se consolidaron entre los mejores. Algunos de ellos han encumbrado a la ciudad e incluso han llegado a simbolizarla; he aquí una pequeña selección.

Dos pintores

⏱ *Museo de Bellas Artes San Pío V pág. 39.*

José de Ribera (1591-1652) nació en Xàtiva. Estudió en Valencia y luego se marchó a Italia, donde le apodaron «Lo Spagnoletto» (el Españolito). Gracias al Virrey de Nápoles, de quien llegó a ser pintor oficial, pronto se hizo famoso tanto en Italia como en España. Es conocido por su arte robusto y realista, cuya ciencia del claroscuro (conocido aquí como tenebrismo) recuerda a la de Caravaggio.

El pintor valenciano por excelencia, **Joaquín Sorolla** (1863-1923), influido inicialmente por el Impresionismo, estudió las obras del Prado en Madrid y luego desarrolló su técnica en Roma. A su regreso, se dio a conocer rápidamente captando la luz de las playas mediterráneas en lienzos que representaban a pescadores valencianos. Se convirtió en uno de los líderes de la pintura española moderna y triunfó en París en una exposición en la galería Georges Petit en 1906, recibiendo el título de Caballero de la Legión de Honor.

Escritores

Guillén de Castro (1569-1631), noble valenciano, militar y miembro de un círculo literario en su ciudad natal, abandonó Valencia tras una serie de desgracias conyugales. Se instaló en Madrid, donde conoció al gran dramaturgo Lope de Vega, uno de los principales escritores del Siglo de Oro. En 1618 publicó su comedia más famosa *Las mocedades del Cid.*

Hijo de un tendero establecido cerca del Mercado Central, **Vicente Blasco Ibáñez** (1867-1928), que empezó como «plumilla» de un escritor de folletines, emprendió una fulgurante carrera literaria, describiendo la vida de los campesinos de la huerta y los pescadores de la Albufera, y produciendo una serie de *best-sellers* adaptados al cine por Hollywood, protagonizados por las estrellas del momento, como *Los cuatro jinetes del Apocalipsis.* Este juerguista empedernido y seductor impenitente, que protagonizó varios duelos, no limitó su carrera a la escritura. Creó un periódico, donde sus virulentas opiniones le acarrearon problemas con las autoridades y, en varias ocasiones, le llevaron a increíbles fugas al extranjero. Empresario, arruinó a decenas de valencianos en un proyecto de colonización agraria en Argentina. Sin embargo, esto no le restó una popularidad asombrosa, y cuando su cuerpo fue traído de vuelta a Valencia en 1933 (tras su muerte en el exilio en Menton), una gran multitud siguió su féretro. Sin embargo, sus colegas escritores, sin duda celosos de su éxito, se mostraron más reservados. Y cuando Valle-Inclán se enteró de su muerte, exclamó: «¡Otro truco publicitario!».

Un arquitecto

⚓ *Ciudad de las Artes y las Ciencias* pág. 42.
Nacido en 1951 cerca de Valencia, **Santiago Calatrava** estudió en la ciudad y después en la Escuela Politécnica Federal (ETH) de Zúrich. Se dio a conocer con sus proyectos de puentes y estaciones (Saint-Exupéry en Lyon, estación de Oriente en Lisboa), construyó el aeropuerto de Bilbao, el estadio de los Juegos Olímpicos de Atenas, la Ciudad de las Artes y las Ciencias de Valencia con el arquitecto hispano-mexicano Félix Candela, y un edificio que gira sobre su eje en Malmö. También es escultor e ingeniero, y su arquitectura desafía las leyes de la gravedad.
No obstante, ha sido polémico en los últimos años, y su reputación se ha visto empañada por desviaciones presupuestarias, retrasos en las entregas e incluso problemas técnicos en algunas de sus creaciones.

Toreros

Como la mayoría de las ciudades españolas, Valencia es una apasionada de sus toreros y los apoya en las buenas y en las malas. Entre los niños valencianos que han probado suerte en los ruedos

El valenciano en la actualidad

El valenciano es la lengua cooficial de la Comunidad y la entiende una gran parte de la población. La literatura valenciana parece recobrar impulso bajo el impulso de la Generalitat y de algunas editoriales: es el caso de la aparición de **Ferran Torrent** (nacido en 1951), autor de «thrillers valencianos», algunos de los cuales han sido traducidos al castellano (*Gracias por la propina*, *Contra las puertas*).

destacan dos nombres. El primero es **Manuel Granero** (1902-1922): este joven **matador** ascendió rápidamente a lo más alto del escalafón. Su temprana muerte (a los 20 años lo mató un toro en Madrid) traumatizó a los valencianos. Una plaza de Russafa está dedicada a él. Varias décadas más tarde, en **Enrique Ponce** los valencianos encontraron a su sucesor. Nacido en 1971, Ponce se convirtió en matador de toros en las Fallas de 1990, y desde entonces se ha mantenido en lo más alto del escalafón, pulverizando todos los récords con más de 2500 corridas a sus espaldas.
Por último, al pasar por delante de la plaza de toros, verás una estatua de bronce adornada regularmente con flores: se trata de un gran banderillero de Valencia, **Manuel Montoliú** (1954-1992), muerto en la plaza de toros de Sevilla.

Sabores valencianos

Paella

Por supuesto, la reina de la cocina valenciana es la famosa **paella**. La palabra hace referencia originalmente al recipiente en el que se cocina este sabroso plato. Aunque este plato sea un resumen injusto de la cocina española para muchos extranjeros, esto se debe a que en los difíciles años que siguieron a la Guerra Civil, se convirtió en el plato nacional de España. En cualquier caso, la paella tiene sus raíces en la Comunidad Valenciana, y es aquí donde encontrarás las mejores preparaciones.

Existen innumerables variantes de este plato, y además de la famosa **paella valenciana** elaborada con arroz al azafrán, con pollo y conejo, cada pueblo, cada comarca y cada cocinera ha desarrollado su propia receta. Existen no menos de cincuenta especialidades diferentes de **arroces** (*arrossos* en valenciano), según los ingredientes y la forma de cocinarlos. Entre las más comunes están el **arroz negro**, con tinta de calamar, el **arroz a banda** (a base de una salsa hecha con pequeños peces de roca), el **arroz del Senyoret**, con marisco sin concha, de ahí el apodo de **arroz limpio** porque no hay que mancharse las manos para comerlo, la **paella de verduras**, el **arroz rossejat**, en el que el arroz se dora en la sartén antes de añadir los demás ingredientes, el **arroz al horno** o el **arroz con costra**, una especialidad de Orihuela. La **fideuà** es una variante de la paella en la que los **fideos** sustituyen al arroz: se dice que la inventaron unos pescadores de Gandía que se quedaron sin arroz en alta mar.

Receta de paella

Ingredientes (para 8 personas)

1 vaso de aceite de oliva
1 pollo cortado en trozos
1 conejo troceado
de 12 a 16 caracoles bien lavados
300 g de judías verdes planas frescas
200 g de alubias blancas (*garrofón*)
3 alcachofas lavadas, peladas y troceadas
1 tomate mediano pelado
3 vasos de arroz blanco valenciano
1 cucharada de pimentón
Azafrán
6 vasos de agua
1 manojo de romero

Preparación

Calentar el aceite de oliva en una paella (o sartén). Saltear los trozos de pollo y conejo durante unos 5 min a fuego lento. Añadir las judías verdes, las alcachofas y el tomate. Rehogar unos minutos. Añadir el pimentón y dejar un minuto a fuego muy lento. Infusionar el azafrán en agua y añadirlo inmediatamente a la paella. Añadir las alubias blancas y salar. Subir el fuego y cocer durante unos 15 min. Añadir los caracoles y continuar la cocción durante 3 o 4 min más. Añadir

el arroz y repartirlo por toda la paella. Cocer a fuego lento durante unos 15 min y probar el caldo. Añadir sal si es necesario. Durante los últimos 7 u 8 min, añadir el romero, dejarlo cocer en la paella durante 5 min y retirarlo. La paella estará lista cuando el agua se haya evaporado y el arroz no esté completamente seco. Para obtener el *socarrat* (arroz ligeramente quemado que se pega al fondo de la paella), poner a fuego fuerte durante 1 o 2 min. Dejar reposar unos minutos antes de servir. ¡Buen provecho!

Otros sabores

Pero la paella, aunque sea suficiente para saciar el apetito, se considera aquí un entrante, del mismo modo que la pasta en Italia. Lo más frecuente es que se sirva antes de un excelente pescado, a la plancha, estofado, preparado en costra de sal, o en un guiso a base de pescados variados y patatas (**suquet de peix**), sin olvidar el marisco, con el bogavante como protagonista. Las **anguilas** de La Albufera son un plato popular de temporada, tradicionalmente preparadas con

all i pebre, un guiso a base de cebolla, guindilla y pimentón en el que las anguilas se cuecen a fuego lento con patatas. Unas almendras molidas y perejil al final de la cocción, ¡y listo! Otra receta bastante parecida, la **espardenyà**, se diferencia de la anterior en que añade carnes variadas (pollo, conejo, pato, etc.) e incluso huevos.

De los entrantes, el **esgarraet** se compone de mojama (atún crudo ahumado), bacalao seco, pimientos marinados en aceite de oliva, medio huevo duro y algunas aceitunas. En cuanto a la carne, hay pocas especialidades, ya que la región nunca ha sido ganadera. Existe, sin embargo, la **torraeta de xulles**, chuletas de cordero a la brasa servidas con salsa *all i oli*.

Los valencianos están orgullosos de los productos de su huerta (una zona de 120 km² alrededor de la ciudad) además de los cítricos, los tomates constituyen la mayor parte de los productos, y son la base de refrescantes ensaladas.

Turrones Galiana

Naranjas valencianas de la tienda Turrones Galiana.

¿Un plato de invierno? Prueba el **puchero valenciano**, un plato de larga cocción que combina garbanzos, arroz, patatas, pollo, tocino, morcilla o manitas de cerdo y condimentos, servido con albóndigas (*pilotes*) sazonadas con canela. No es un plato ligero, pero sí delicioso, con tantas variantes como cocineros.

Con moderación...

La Comunidad Valenciana es la tercera zona vitivinícola del mundo. Produce **vinos** de gran calidad. La principal D.O. es la de Utiel-Requena, pero la propia Valencia se beneficia de esta etiqueta, con los blancos del Alto Turia o de Valentino, además de algunos famosos moscateles.

Colección editada por Philippe Orain

Redactora jefe de la guía :	Marie-Pierre Renier
Coordinación editorial	Iris Dion
Editor	Alejandro Prieto de Vega, Célia Bénisty, Élisabeth Cautru, Françoise Chaffin, Anne Duquénoy, Lisa Diez Gracia, Xavier Espinet, Martin Fouquet, Arnaud Goumand, Chloé Hoorman, Guylaine Idoux, Hervé Kerros, Sarah Larrue, Mélanie Lemaire, Pierre Plantier, Marie-Pascale Rauzier, Claire Rideau, Emmanuelle Souty
Agradecimientos	Leticia Colomer (Visita Valencia)
Colaboradores de esta guía	Leonard-Marius Pandrea, Gabriel-Valentin Dragu (**Cartografía**), Véronique Aissani, Carole Diascorn (**Cubierta**), Marion Capéra, Marie Simonet, Ilona D'angela (**Iconografía**), Irina Răcaru (**Datos objetivos**), Bogdan Gheorghiu, Cristian Catona, Gabriel Dragu, Hervé Dubois, Pascal Grougon, Sandrine Tourari (**Preimpresión**), Dominique Auclair (**Dirección**)
	Mapas: © MICHELIN 2024
Diseño gráfico	Laurent Muller (interiorismo) Véronique Aissani (cubierta)

Titulo original: *Valence*

© 2025 MICHELIN Éditions, todos los derechos reservados

Para la edición española:
WS whitestar® es una marca registrada
propiedad de White Star s.r.l.

© 2025 White Star s.r.l.
Plaza Luigi Cadorna, 6
www.whitestar.it

Traducción: Ormobook

Créditos fotográficos p. 4-5
(de izquierda a derecha y de arriba abajo)

sndr/Getty Images Plus
travelview/Getty Images Plus/© Adagp, París, 2025
efesan/Getty Images Plus
venemama/Getty Images Plus
Nickos/Getty Images Más
Sloot/Getty Images Más
Paco Alcántara/Museo de Bellas Artes de Valencia
RossHelen/Getty Images Más
T. Balaguer/easyFotostock/age fotostock

Los derechos de traducción, reproducción y adaptación total
o parcial y por cualquier medio están reservados
para todos los países.

ISBN 978-88-540-5787-5842-2
1 2 3 4 5 6 29 28 27 26 25

Impreso en Eslovenia